発達障害の子どもたち

杉山登志郎

講談社現代新書

1922

目次

第一章　発達障害は治るのか

世間に広がる誤解

以下に挙げたのは、発達障害に関して特に学校進学をひかえた子どもを抱えるご家族から聞くことが多い意見である。読者のみなさんは、おのおのについての是非をどのように思われるだろうか。

・発達障害は一生治らないし、治療方法はない
・発達障害児も普通の教育を受けるほうが幸福であり、また発達にも良い影響がある
・通常学級から特殊学級（特別支援教室）に変わることはできるが、その逆はできない
・養護学校（特別支援学校）に一度入れば、通常学校には戻れない
・通常学級の中で周りの子どもたちから助けられながら生活をすることは、本人にも良い影響がある
・発達障害児が不登校になったときは一般の不登校と同じに扱い登校刺激はしないほうが良い
・養護学校卒業というキャリアは、就労に際しては著しく不利に働く
・通常の高校や大学に進学ができれば成人後の社会生活はより良好になる

次は、幼児期の発達障害のお子さんのご両親からしばしば伺う意見である。

・発達障害は病気だから、医療機関に行かないと治療はできない
・病院に行き、言語療法、作業療法などを受けることは発達を非常に促進する
・なるべく早く集団に入れて普通の子どもに接するほうがよく発達する
・偏食で死ぬ人はいないから偏食は特に矯正をしなくて良い
・幼児期から子どもの自主性を重んじることが子どもの発達をより促進する

これらはすべて、私から見たときに誤った見解か、あるいは条件付きでのみ正しい見解であって一般的にはとても正しいとはいえない。

おのおのについて、なぜこれが誤っているのか、と驚かれたとしたら、そして発達障害と診断を受けたお子さんに関わっているとしたら、この本はあなたにとって読む価値のある本である。

発達障害の治療、教育の是非を調べることは実は簡単である。成人になるまで待って、成人になってからの状態を比較すれば良いのだ。どんなに理論的に正しくとも、成人にな

ったときの社会的な状況が不良であれば、そのそだちの過程にはなんらかの問題や過ちがあると考えざるを得ない。それは普遍的な問題であることもあれば、きわめて個別的な問題であることもある。また現在の教育制度から来る問題もあれば、選択によって回避できる問題であることもある。

私が長年にわたって相談に乗ってきた二人の成人についてまず紹介したい。

学習障害と診断されたA君

A君が筆者の外来を受診したのは九歳、小学校四年生のときである。学校の勉強が遅れがちになったということでやってきた。八〇年代後半のことである。

A君は未熟児で生まれ、もともと言葉は少し遅かったが、特に健診でチェックを受けることはなかったという。幼児期からよく動き、よく転んだ。しかし集団行動の問題はなく、友達を作ることにも問題はなかった。地元の保育園から通常学級に進学した。

小学校に入ってすぐに、国語の苦手さが明らかとなった。特に文章の読解が苦手で、やさしいひらがなの文章を訥々《とつとつ》と読むのが精一杯であった。小学校二年生まではお母さんがついて勉強を見ていた。小学校三年生になると、国語の苦手さが他の教科の足を引っ張るようになった。テストの成績も軒並み四〇点前後となり、また学習をさせようとするといやがって応じなくなったため、専門医療機関への受診となったものである。

初診時のA君は、にこにことした元気の良い、落ち着きのない子どもであった。心理検査を行ってみると、WISC（ウェクスラー児童用知能検査）という検査にて言語性知能指数62、動作性知能84、全体で78と、境界知能という結果となった。

解説を加えると、知能検査にはビネー系とウェクスラー系という二つの標準化された知能検査法があり、ビネーは知能検査によって示された精神年齢を算出し、それを暦年齢で割ることによって知能指数を計算する。それに対してウェクスラー系は、言語を用いた知能検査と言語を用いない知能検査（動作性とよぶ）に分かれ、それぞれはさらに、知能を支えるさまざまな能力、知識のレベル、視覚的認知の正確さ、常識の有無、記憶の正確さなどなどの項目に分けて計ることができる仕組みになっている。

一般的に、IQ85以上を正常知能とし、IQ69以下を知的な遅れありとする。この中間、数字であらわせばIQ70からIQ84を、正常知能と知的な遅れの境界線という意味で、境界知能と呼ぶ。A君はこの領域に入るのである。

付言すると、この知能検査の値は絶対ではない。そのときのコンディションでプラスマイナス15ぐらいは変動してしまうのである。考えてみてほしい。かのイチローですら五打数無安打という日があるではないか。しかし大多数の日において、イチローは二本以上の安打を打ち続けているので、かの高い打率になるのである。つまり知能検査の値は絶対ではないが、それなりに尊重される必要があるのである。大学病院で見習いの心理士が実施した検査の知能指数が60、障害児センターのベテラン心理士が実施したら70、特殊学級の担任がやや強い指示を出しながら実施したら75という結果になった自閉症の子どもを知っているが、このようなことは非常に例外的で、それなりに経験を積んだ人間が測定をすればだいたい同じ値になる。

脱線が長くなったが、A君については、言語性知能検査の各項目を見ると、著しいばらつきがあり、単純な記憶は良好だが、類似課題など抽象度が少し高くなると非常に苦手という状況が心理検査の結果からは見て取れた。

一方、A君の学力はというと、国語力は文章の読解が小学校二年生程度、漢字は一年生レベルですでにつまずきがあり、算数は繰り上がりのある加算で誤りがあり、九九は不完全、割り算は部分的にしかできなかった。つまり小学校二年生レベルの課題からすでにつまずいていた。

治療開始

A君の継続的な相談が始まった。集中困難と自信の喪失が目立ったため、少量の抗うつ剤を服用してもらったところ、A君はいくらか元気になり、課題への取り組みも向上したため、しばらく継続して用いることになった。後から振り返ると、この抗うつ剤が少し有効であったということが、実は大きなボタンの掛け違いを生じてしまったのではないかと悔やまれる。

本人の意欲は回復したが、学習は徐々に遅れが目立つようになった。母親は熱心にA君の勉強を見ていたが、小学校高学年になるとA君ははっきりと学習をいやがるようになった。

私はまず個別の学習を行う時間を設けられないかと学校にお願いした。八〇年代後半の当時、学習障害がやっと話題になり始めたころである。まだ特別支援教育という概念は日本には存在しなかった。学校の返事は、「地域では通級（通常学級に在籍して特殊学級に出かけること）の制度はなく、知能にはっきりとした遅れのない子は特殊学級の対象にならない」とのことであった。しかし「本人や家族が希望するなら、特殊学級に転級を検討する」と学校からは返答があった。そこでA君が学校の授業にはまったくついていけなくなった時点で、私はA君のご両親に特殊学級への転級を勧めた。しかし、母親も父親も、A君が友人と一緒に学習をしたいと望んでいる、また担任教師も特殊学級に行かなくても大丈夫だと言ったということで、転級を拒否した。

さらに家族は、遠方のT大学病院にわざわざA君を連れていき、その医師からは特殊学級などとんでもないと言われたそうである。ちなみにこの医師は、どのようなハンディがある児童でも通常学級でと当時主張をされていた。

先に述べたように学習障害の概念はこのころからわが国に広まりだしており、教育サイドも医療サイドもその対応方法は一貫していなかった。私自身も教育の処遇に関して、十分に確信を持って対応していなかったと思う。このころA君はしばしば学校でいじめにもあっていたが、有力な同級生の子分となることで、いじめの被害はなくなったという。どうもこのころから、ご両親は、特殊学級に行きたくなければ勉強するしかないといった説得を繰り返していたようである。

混乱の日々

中学生になると、授業からは完全に取り残されるようになった。学校自体が荒れている中で、A君は同級の友人に唆《そそのか》されて、しきりに授業妨害をするようになった。そのような中でA君が担任教師に暴力をふるうという事件が生じた。A君の言い分は、担任が自分たちを無視して生徒を差別しているということであった。

A君に対し私は、どのような事情にしろ暴力をふるうことは良くないと強く説得をしたが、A君は、私まで自分の味方をしてくれないのかと、むしろ傷ついた様子であった。

私はA君と家族に、もう一度、特殊学級への転級を勧めた。ご両親は現在の状態でA君がまったく授業についていけないことは理解しており、それがA君にとって良いことならと受け止めていたが、A君は「俺を馬鹿と一緒にするのか」と激怒し、特殊学級に転級するくらいなら死ぬとまで言った。この事件の後、暴力的に暴れることはなくなったが、時折、遅刻を繰り返すようになり、やがて不登校状態になった。

A君はそのまま中学卒業となり、当時開校した、高校卒業資格を取ることができる専門学校に通うようになった。この学校は高校に進学できない生徒を集めており、カリキュラムもそれなりに工夫されていて、一年生の最初、A君は笑顔で登校をした。しかし六月ごろから、学校に行く前にA君は髪型を著しく気にするようになり、鏡の前で三〇分も四〇分も整髪料と櫛とを持って髪を整えるようになった。この間も筆者の外来への散発的な相談は続いていたが、A君自身がすでに通院を嫌うようになったため、両親のみの相談であった。A君は一学期の後半には学校に通えなくなり、そのまま退学をしてしまった。

その後、アルバイトを何度か試みたが、いちばん続いたもので一ヵ月弱であり、ささいなトラブルからバイトに行かなくなることを繰り返した。それをご両親にとがめられると、A君は家の中で大暴れをするようになり、そのまま蟄居《ちっきょ》生活になってしまった。

私は何度か往診をしてA君に会うことができたが、その会話の中でA君が周りの人の働きかけをすでに被害的に受け取っていたことが判明した。今後、入院治療が必要になるかもしれないと考え、私は友人の精神科医に紹介状を書き、ご両親はその精神科の病院に相談に通うようになった。この時点で私が職場を変わり、外来の枠が小さくなって、問題が生じても直ちに対応ができなくなったこともあった。

その後である。二〇歳を何年か過ぎてA君は近くのクリニックのデイケアに通うようになった。外へ出るときには髪型を整えないと出られない状態は続いており、サングラスが離せない。少しのことで被害的に受け取ることも続いているが、クリニックで出された安定剤を服用し、家庭の中で暴れることはすでになくなっている。

A君は、私にとっては明らかな治療の失敗例であり、私自身の責任も十分以上にあり、こうしてまとめてみてあらためて慚愧《ざんき》に堪えない。A君に申し訳なく思う。しかしA君は少しずつ昔の笑顔を取り戻しつつある。A君は優しいご両親に愛されてそだった青年である。つまり、人としての根っこの部分はきちんとできている。どんな紆余曲折があろうとも、A君が社会に出ていくことが可能になる日が必ず来ると私は確信している。

自閉症と診断されたB君

A君と実は同学年の青年B君を次に紹介する。

B君に初めて会ったのは、B君が四歳のころであった。このころはまるまるとした幼児で、毎日のようにかんしゃくを起こしていた。

初診のときは、お母さんがおんぶ紐でおぶって診察室に入ってきたのであるが、私はこのときのことをよく覚えている。B君がむずかると母親はあやすため、B君をおぶったまま診察室を出ていってしまう。そして帰ってこないのだ。これには往生したが、後で伺うとすでに母親は息子が自閉症ではないかと強く疑っていて、その診断を下されるのがとても怖くて、診察室にとどまることがつらくてできなかったのであるという。

B君は両親と目が合わず、母親の指示は理解しなかった。おぶっていたのも、下におろしたらそのまま振り返らず走り出してしまうからであった。実際に迷子になったこともあった。言葉は四歳過ぎてまだ数語程度、オウム返しの断片的な語尾・語頭発声（たとえば「ぎゅうにゅう」を「にゅう」、「みかん」を「み」とのみ言うなど）があるだけで、理由のよく分からないかんしゃくを起こすことが多く、行動を止められることに強い抵抗があり、私はお母さんの予想していたとおりB君を自閉症と診断した。

その後、B君は市の運営する母子通園施設（保育園に入る前に母子で通園をして生活習慣や集団行動の基礎的な練習をする療育施設）に通い始めた。その中でB君は急速に身辺の課題が可能となり、周囲の状況に合わせた行動ができるようになった。すると五歳前後から言葉は急速な伸びを示すようになった。小学校入学前に行った心理検査では知能指数76と境界知能を示し、ご両親はだいぶ迷われたが通常学級に進学した。

B君もまた小学校中学年ごろから学習には困難を覚えるようになった。これには理由がある。少し説明を加えると、小学校三~四年の時点で、カリキュラムに抽象的なイメージ操作を用いる課題が登場し、勉強に関するハードルが急に高くなるのである。国語で言えば接続詞であり、算数で言えば分数、小数などである。学校のカリキュラムは一段階飛躍し、ここでハードルに引っかかる児童が少なからず存在する。この現象を九歳の壁と呼ぶこともある。

また同じ時期、小学校中学年ごろからいじめもときどきあり(これも理由があって、この時期に子どもたちはいわゆるギャングエイジを迎え、親への秘密を持つようになり、子ども同士で仲間を作るようになるので、いじめが一挙に深刻化する傾向がある)、そのつど、学校の担任にお願いをして、いじめの沈静化を図ることが続いた。小学校五年生ごろにはB君は自信を失ってしまって、一時期、著しく元気がなくなり、またわざと挑発的に叱られることをするなど、情緒的なこじれを示唆する症状もあらわれたので、私は心配をした。しかし知的にはB君は伸びており、知能指数は82とほぼ正常知能に近い値を示していた。

生き生きと働くように

B君とご両親はこちらの勧めもあり、中学校は躊躇《ちゅうちょ》なく特殊学級への進学を選んだ。知的に高くそこそこの学力もある彼はクラスのリーダーとなり、連続して特殊学級の級長を任せられるようになった。中学校一年生の二学期になると、彼は学校での自分の様子を自慢げに語るようになり、すっかり自信を取り戻したことが窺《うかが》えた。彼を、知的な遅れのない自閉症やアスペルガー症候群の子どもとその親の会である「アスペ・エルデの会」に誘ったのはこのころである。この会は、親子ともに気に入ったようでB君はせっせと熱心に通うようになった。

B君は高校進学に当たって養護学校の高等部を選んだ。学力的には通常高校のいわゆる底辺校や専門学校に進学ができないことはなかったが、親子ともに躊躇はなかったようである。彼が選択した養護学校高等部は職業訓練を徹底的に行うことで有名なところであった。この作業訓練は、作業のときの受け答えや、作業態度まで含む徹底的な指導である。高校二年生になったころからB君は学校の厳しい教育が身についてきたようで、私との受け答えにおいても、それまでの聞いているのかいないのか分からないといった風情ではなくなり、しっかりと目を見て返事をするようになった。

アスペ・エルデの会では高校生以上の青年で「サポーターズクラブ」という、会の運営自体に関わる別働隊を作っている。B君はここにも熱心に顔を出し、高校生の仲間同士であちらこちらに遊びに行ったり、ボランティアに出かけたりするようになった。筆者は当時、ある大学で教育学部の教官をしており、その地域のアスペの会を主宰していたが、サポーターズクラブの仲間を誘って、遠方からボランティアとしてしばしばその手伝いに駆けつけてくれた。

B君は養護学校高等部卒業後、ある大企業に勤めるようになった。今日、障害者雇用促進法という法律があり、あるレベル以上の企業は従業員の一・八パーセントにあたる障害者を雇用しないと罰金が科せられるのである。現在の実績は一・五パーセントであるため、まだ障害者を雇用していない会社が多数ある。つまりきちんと仕事ができる障害者は、企業の側も欲しいのである。

またB君の通う養護学校高等部では徹底した職業訓練があり、現場実習という職場での就労体験が重ねられ、また企業側と教師との話し合いもあり、就労後にも教師が職場に訪れるようになっている。

B君はこうして就労を果たし、生き生きと働くようになった。さすがに大企業で、初任給も高く、すぐにボーナスも出るなど待遇も良かった。B君は残業もこなし、また自動車の免許も取得し、自分の給料で買った車で自宅から通勤を始めた。アスペの会、サポーターズクラブの友人との交流は続いていて、休みの日はしばしば一緒に出かけている。彼は就職してからもサポーターズクラブの友人を誘って、アスペの会にボランティアで手伝いによく来てくれていた。

ある日のこと、比較的遅い時間まで彼がのんびりとしているので、「今日はゆっくりしているけどいいの」と筆者が聞くと、「今までは学生だったから、鈍行の電車で来ていたけど、今は自分の給料で新幹線で帰れるから大丈夫」と答えた。筆者はとても感動した。

ただし問題がまったくないわけではない。数年前、キャッチセールスの被害を受けたのである。新しい友達ができたというので何かと思ったら、キャッチセールスのお姉さんであった。被害額は一〇〇万円以上にのぼる。人の悪意に関しては非常に脆弱《ぜいじゃく》な人たちである。今後の社会生活の上で、B君が学ばなくてはならないことはまだまだ多い。

どこが違うのか

さて、A君とB君はどこが違ったのであろうか。

元々の障害ということで言えば、自閉症であったB君のほうが明らかに重症である。ハンディキャップにもとづく学習の問題があることはA君もB君も一緒で、小学校年代に学習につまずき、小学校高学年には危機的になった点も同じである。A君は中学校進学に際して通常教育を選択し、B君は特殊教育を選択した。違いといえばこの一点である。その後の著しい違いを見たときに、たかだかこれだけの違いがなぜこのような差をもたらしたのか、驚かざるを得ない。

A君の医学的な診断は学習障害であるが、A君の適応の妨げとなったのは学習の問題もさることながら、それ以上に自己イメージの混乱や自信の欠如が大きな支障となったことは容易に理解できるところである。しかもA君は、その後高校生になったときには、小学校中学年レベルの社会的自立に必要不可欠な基礎学力は身に付けていた。これは新聞を読むことが可能なレベルの国語力と買い物とお金の管理ができる程度の数学力である。それだけで大丈夫かって？　われわれが日常生活でそれ以上を用いているであろうか。つまり学習障害そのものがA君の自立を妨げたのではない。

どこに混乱や選択の誤りがあったのか、この本を読んでゆけば次第に了解していただけるのではないかと思うが、冒頭に書いたいくつかの一般的な誤解の一部は、すでにこの事例を振り返っただけで、疑問符が付されることが明らかであるので、それだけはここで取り上げておきたい。

・発達障害は一生治らないし、治療方法はない

これがそもそも完全な誤りであることは、きちんと就労し、自分で買った自分の自動車で会社に通い、残業もこなし、税金をきちんと払っているB君を見れば分かるであろう。もちろん自閉症であるB君はいまだにハンディキャップはたくさんある。だがこれらのハンディキャップにもとづく、社会的な適応の障害は現在のところ見あたらないか、ごくわずかなまでに改善をしている。

・発達障害児も普通の教育を受けるほうが幸福であり、また発達にも良い影響がある

A君は極端な例であるかもしれない。だが明らかにA君の学校生活は、幸福とは言いがたいエピソードであふれている。ご両親はもちろんA君の不幸を願って学校選択をしたのではない。どの親が自分の子どもの不幸を願って選択を行うであろうか。だが結果として、A君の学校生活は胸が痛くなるまでにつらいものとなってしまった。これを学校の責任とする考え方もあるだろう。だがどのような工夫をしてみても通常教育の場は、個別の学習対応には限界がある。通常教育とは、三〇人ないし四〇人の生徒に対して原則として一人の教師が、学習指導要領に沿ってカリキュラムをこなすという場である。ところが特殊教育を選択すれば、一挙に、容易に、個別的な対応が原則としては可能になる（ここで、原則としては、と保留を付けるのは、すべての特殊教育が個別の専門的な対応を行っているとは言いがたい現在の日本の状況があるからであるが、この問題は後に述べる）。

これは学習の問題のみを言っているのではない。問題は子どもの自己イメージに関わる。

あなたが、自分が参加しようとしても半分以上は理解できない学習の場にじっと居ることを求められたとしたらどのようになるだろう。また自分が努力しても成果が上がらない課題を与え続けられたらどのように感じるだろう。子どもにとってもっとも大切なものの一つは自尊感情である。子どもの自信をそしてやる気を失わせないことこそが重要なのだ。

・通常学級から特殊学級に変わることはできるが、その逆はできない

これは完全な嘘である。私が継続的なフォローアップをしている子どもで、特殊学級から通常学級へという選択をした児童は多い。

多くの親は、また学校の教師も安易に、「通常学級でやってみてダメなら特殊に移せばよい」と言う。このアイデアは私は賛成できない。ダメだったときは自己尊厳を著しく傷つけてしまい、子どもはぼろぼろになっているからである。人生の早期に子どもに挫折体験を与えて良いことは一つもない。通常学級に在籍して特殊学級に出かける（これを一般に通級という）のは、特殊学級の担任にとって員数外の負担が増えるという理由から現在でも困難が多いのに対して、特殊学級に在籍をして参加可能な科目は通常学級に出かける

(これを一般に交流という)ことに関しては支障が少ない。交流を利用して参加が可能なものは出かけていき、すべての科目が参加可能になったらその時点で通常クラスに移行するということは、しばしば実践されている。

だが問題は何のために通常学級に行くのかということである。中学校二年生で通常学級にもどり、そのまま通常高校を卒業し、一般企業に就労をした高機能自閉症の青年がいるが、就労をした会社で主として対人関係の問題から二年弱で失職をしてしまった。その後の再就職はなかなか困難があり、結局、障害者職業センター経由で障害者雇用の枠を用いて再就職を果たしたのであるが、こうなってみると、無理に健常者として就職をするよりも、ハンディキャップの存在を会社側に知らせた上で就労先を探し、就職をしていればもっと安定した就労が最初から可能であったのではないかと悔やまれるのである。

・養護学校卒業というキャリアは、就労に際しては著しく不利に働く

これがどうもそうではないらしいことは、先のB君の事例を見れば了解いただけたと思う。養護学校のほうが、就労を巡るビフォア・アフターケアがむしろ手厚く、企業間との話し合いも緻密であり、何よりも企業サイドもきちんと働ける障害者を求めている。また現在、障害者職業センターが就労に際してはジョブコーチを派遣してくれるようになっている。このような就職に際しての手厚いケアは、通常教育では望むことが困難である。

実はB君の同級生に知的にはもう少し高く、通常高校を卒業後、地元の会社に就職したC君という青年がいるのであるが、給料もボーナスも、大企業に就労したB君のほうが一貫して高収入で、夏休みをはじめとする休暇も多かったのである。

第二章　「生まれつき」か「環境」か

受精のリスク

人の一生は、母親の卵管の中で、母親の卵子と、父親の精子が出会い、受精をするところから始まる。この受精という現象は、二三対《つい》四六本の染色体がほどけ、卵子に託された母親由来の二三本と、精子が担う父親由来の二三本の染色体が合わさり、新たな四六本の染色体として新しい細胞になるところから始まるのである。この新しい細胞はいったん作られると、たった一つの細胞から次々と細胞分裂が繰り返され、やがて母親の子宮の中で人の胎児としてそだちはじめる。

この受精に始まる一連の過程は、それ自体、さまざまなリスクをはらんでいることに留意してほしい。一対の遺伝情報が二つに分かれ、その片割れ同士がくっついて新たな遺伝子の一対を組み上げるのであるから、その最初の作業自体がさまざまな困難をはらんだ仕事である。

そもそも何のために、このような危ないことを世代ごとに行わなくてはならないのか。それについて、固定した遺伝子は状況の変化に対応できないから、という説明がなされている。少しずつ変化するためにこそ、このような危ない橋を渡るのである。言い換えると、この段階で、すでにさまざまな突発的な変異が起きることが前提となっている。

たとえば遺伝子の一部が別の部位にくっついたり重複したりするという異常が頻繁に生じることが知られている。これは生命の維持にはまったく問題のない分子レベルで起きることもあれば、ごそっと移動してしまって、いわゆる奇形を作ることもある。これが日常的に生じていることは、自然流産をした胎児を調べるとその約半数に染色体異常が見いだされることからも分かる。

ちなみに現在、人工授精など生殖医療はどんどん進んできている。子どもを望む夫婦の気持ちを慮《おもんぱか》ってか、生殖医療に対する積極的な批判はほとんど見あたらないが、不妊が生じるにはそれなりの理由があり、そこを強引に妊娠させる過程においてある程度のリスクが上がることは当然である。この本の中ではほとんど取り上げることはないが、実は生殖医療において発達障害も生じやすいし、また意外なことに、子ども虐待のリスクが高まるのである。

論を戻すと、人として子宮の中でそだち始めた胎児は、すでに妊娠半ばから母親の鼓動を聞き、母親の情動を感じながらそだっていく。妊娠中の母親の、心身にわたるコンディションが子どものそだちに影響を与えるらしいということも近年さまざまな証拠が示されるようになった。

読者の方々はこういったテーマに関して、くれぐれも原因—結果という直線的な因果律で考えないでほしい。おなかの子どもに影響を与えるものは、残存農薬の影響や環境ホルモンといったレベルの問題から、日常的なものとして、タバコ、酒、薬、シンナー（！）等々たくさんあるのであるから。それにしても一〇代、シンナーの影響＋ドメスティックバイオレンスといっためちゃくちゃな胎児環境の中で、玉のような子どもが生まれることもあればその逆もある。心の臨床の最前線にいると、赤ちゃんや子どもというのは少なくとも生命的にはけっこう丈夫にできているのだなあというのが、筆者の実感であるのだが。

人間の子どもは「生理学的早産」

さて、やがて母親は臨月を経て出産を迎える。この後の成長の節目に関しては、それぞれについて少しずつ述べていくので、ここでは細かく取り上げない。しかし発達の開始の部分と、発達のゴールの部分については、本書の主旨の上で重要と思えることを取り上げておきたい。

人間の子どもは生理学的早産と言われている。スイスの動物学者ポルトマンは、哺乳類、鳥類など高等動物を離巣性、就巣性と二群に分けた。離巣性動物とは生まれた直後にすでに五感の機能と運動機能がある程度備わっており、移動が可能である動物である。就巣性動物とは生まれた直後には五感の働きも運動能力もなく、巣の中で親の濃密な世話を必要とする動物である。離巣性の代表は馬や牛であり、就巣性の代表は猫や犬である。それぞれの生まれた直後の姿を思い描いていただければこの両者の差は分かりやすいのではないかと思う。

さて人が属する猿類はどうかというと、分類の上では実は離巣性の動物になっているのである。自分で動けなくとも、母親にぱっとしがみついて移動ができる。ニホンザルの子育ての映像などを思い描いていただければ了解いただけよう。

ところが人はどうかというと、究極の就巣性とも言える状況である。なにせ、生まれた後、たかだか独歩までにまるまる一年間を要するのであるから（そしてなんと約二〇年を親の世話なしには自立すらできないのであるが、こちらは社会的な問題で、生物学的な議論からは外れる）。なぜ人はゾウのように長く長く子宮の中にとどまることをしないで、ほとんど種としては早産のような状態で生まれてしまうのであろうか。これはもう一つの究極の就巣性の動物を比較に持ち出してみると分かりやすいのである。

もう一つの究極の就巣性動物とは鳥である。哺乳類と並んでもっとも高等動物であることは広く認められているにもかかわらず、鳥はなんと卵生なのだ。なぜ鳥は卵生なのだろうか。鳥の鳥たるゆえんは空を飛ぶことである。そのために鳥は進化の過程でさまざまな犠牲を払ってきた。重たいものをすべて体から除いてしまったのである。まず歯がない。それから骨は中空構造になっている。軽くて丈夫というとどうしてもフレーム構造にせざるを得ないのである。つまり鳥は妊娠できない。赤ちゃんを抱えていては危なくて空を飛べない！　だからこそ、卵生が維持され、長い抱卵期を必要とするのである。

人について同じく振り返れば、人の人たるゆえんは大きな脳である。つまりこれ以上大きくなってしまうと、大きな脳が傷付かずに産道を通ることができないのだ。人間の赤ちゃんは生理学的早産の結果として、長い長い時間をかけて、周囲との相互作用の中でそだつのである。

自立とは何だろう

人と鳥には実はもう一つ共通項があることにお気づきであろうか。原則として両者とも一夫一婦制なのである。最近の研究では鳥もしきりに浮気をするらしいことが明らかになったが、つがいで子育てに励む姿は、さまざまな動物ものドキュメンタリーでご存じであると思う。これも卵生から生じる抱卵期を含む長い子育て期間ということを考えると、よく理解ができる。非常に未熟な子どもを抱えての子育ては、夫婦の共同作業を要求するのである。

実は人にしても同様である。特権階級においては子育てに夫婦の分担作業を必要とせず、したがって、必ずしも一夫一婦制をとってこなかったが、古来一般の人々では子育てには夫婦の共同作業が必要だった。家族とは、本来子育てのための単位である。今日、さまざまな家族のあり方が存在しており、筆者はそれを否定するものではない。だがひとたびその家族に子どもが加わったときには、子育ての単位としての機能が、子どもが全面的な世話を必要とする時期、少なくとも三年間、できれば一二年間、は求められる。これは発達障害の有無を越えた事実である。

特に生後三年間は、できるだけ親は子どものそばにいてほしいと思う。そばにいるといらいらして虐待してしまうという場合も、困ったことに今日少なくないので、例外はあるとしても、人間の子どもという存在は、子育ての早期には養育者の絶対奉仕を要求するのである。もちろんそこには大きな喜びもあるのであるが。

筆者としては女性の自立は必然でもありまた必要でもあると思うが、誰かが子育てを担わなくては被害を受けるのは子どもの側であり、それは社会全体に十数年後には跳ね返ってくる。子育ては集団よりも個人のほうがよい。特に生後早期から数年間において個別のそだちが必要であることは、乳児院でそだった子どもたちが後年、心の発達の問題を抱えやすいことからも、さらにイスラエルのキブツをはじめとするさまざまな実験からもすでに証明済みのことである。

アメリカなどいわゆる先進国の格差社会の中で、社会的な地位の高い夫婦は男女とも働いていることが少なくないが、そのような家庭ではベビーシッターを雇っているのである。これは、母性をお金で買っていることに他ならず（しばしばベビーシッターは移民マイノリティーなど社会的下層の女性であったりする）、これが最良の方法とは筆者にはどうしても思えないのである。

さて次に、ゴールのほうの問題である。

そだちの終着点とはどこにあるのだろうか。自立にあることは疑いないであろう。では自立とはどのような状態であろうか。古来、自立についてさまざまなことが言われてきた。自分の家族をあらたに持つことであるとか、仕事を得て経済的に自立していることであるとか、心理的に一人で生活ができることであるとか。

筆者としてはここは単純に、次の三つを自立の目標としたい。1、自分で生活できる。2、人に迷惑をかけない。3、人の役に立つ。こうして単純化をさせてみると、仕事を得てタックスペイヤーになり、さらに社会的なルールを守ることができていれば、自立という課題は達成できたということになる。

このように、人として生まれた子どもが、受精した瞬間から社会の中で生き、自立するまでの過程全体が「発達」である。

発達における氏とそだち

発達の過程は、子どもがもともと持っている力に対し、周囲が働きかけを行い、その両方が互いに働きかけ合って子どものそだちを作ることが知られている。発達を支えるものは子どもが持つ遺伝子と環境である。発達障害臨床の言葉に言い換えれば、生物学的な素因と環境因ということになる。

これまでの科学的な研究では圧倒的に生物学的な素因の持つ重みが環境因よりも大きいことが示されてきた。この点はいまだに誤解があるので最小限の解説を行っておきたい。たとえば非行のようなわが国では環境的な要因として考えられることが多い問題に関しても、生物学的な素因と環境因とを比較すると、実は前者のほうが圧倒的に高いということはすでに結論が出ているのである。

遺伝的な素因と環境因との影響を比較するにはいくつかの定まった方法がある。一つは養子研究である。養子となった子どもは、氏とそだちとが別々の両親の元で成長することになる。もう一つは双生児研究である。一卵性双生児はほぼ同じ遺伝子を持ち、二卵性双生児は遺伝子の半分だけ同じで、両者とも同じ環境を持っているので、遺伝子の影響と環境の影響とを統計学的な手法で計算が可能となる。

スウェーデンでの養子男性八六二人の調査では、三歳以前（平均八ヵ月）に養子になった者を調査し、生物学的な素因と環境因とをそれぞれ高い、低いに分け、全体を四群に分けると、成人における軽犯罪の発生率は圧倒的に生物学的な素因のほうが重みを持つことが示された。

双生児研究では、二六八二組のオーストラリアの調査がある。一卵性双生児と二卵性双生児の非行の罹病《りびょう》率を調べると、男女差を含めて、生物学的な素因のほうが、環境因よりも圧倒的に強い影響を持つことが科学的に示されたのである。

環境の影響を受ける遺伝子

それでは素因によってすべてが決まるのであろうか。

ごく最近になって、分子レベルの遺伝子研究が進展し、それによって遺伝子が体の青写真や設計図というよりも、料理のレシピのようなものであることが明らかとなってきた。

つまり、遺伝子に蓄えられた情報は、環境によって発現の仕方が異なることが示されたのである。遺伝情報の発現の過程は、遺伝子そのものであるDNAの情報が、メッセンジャーRNAによって転写され、タンパク質の合成が行われることによって生じる。この過程が実は問題で、ここで環境の影響を受ける。多くの状況依存的なスイッチが存在し、環境との相互作用の中で、合成されるタンパク質や酵素レベルで差異が生じることが徐々に明らかとなってきた。

たとえば、妊娠初期のタバコの影響で初めてスイッチがオンとなる遺伝子情報などが存在する。これは神様が遺伝子を設計したときにすでにタバコの存在を予想していたということなのだろうか。このような影響は身体的問題に限らない。有名な例を一つあげれば、MAO－Aと呼ばれる酵素がある。この酵素を生じる遺伝子を持つ児童は、攻撃的な性格を発現する傾向があることが知られているが、すべての児童においてそうなるのではない。非常にストレスが高い環境、つまり虐待環境下においてのみ、スイッチが入り、攻撃的な傾向が発現するのである。

この例はまた、遺伝的素因というものに対するもう一つの誤解を解く手掛かりともなる。遺伝的素因の存在は多くの場合、高リスクを示すものではあるが、それによって決定されるものではない。このMAO－Aの例にも示されるように、遺伝子の持つ情報は、学習、記憶、脳の発達、感情コントロールのレベルでどうやら環境との相互作用が生じるのである。つまり遺伝的素因の解明は、障害を決定づけるのではなく、高リスク児に対する早期療育の可能性を開くものとなる。

遺伝と環境の関係

素因と環境因とのせめぎ合いに関してはさまざまな研究が積み重ねられていて、けっこうおもしろい内容のものもある。たとえば集団に関する調査を行うと、社会的に極端な状況下で遺伝的素因の影響は低くなり、その抑制が消えると遺伝性によって決定される率はより高くなることが知られている。

たとえば遺伝的なアルコール依存の発現は既婚者で低くなり、未婚者では高くなるのである。またアメリカの研究であるが、最初の性交年齢に関する遺伝性は戦前（社会的な抑制が働いていた時代）で低い（男性の零パーセント、女性の三二パーセント）のであるが、社会的な抑制がほとんど機能しなくなった戦後では高い（男性の七二パーセント、女性の四九パーセント）という結果となった。

こんな研究にどんな意味があるのかは問わないでほしい。ただ遺伝的な問題ということがけっこう相対的なものであることがお分かりいただけたのではないだろうか。

環境因というものの脳に及ぼす働きの重さは、子ども虐待の臨床に携わっていれば容易に実感されるところである。心理的な外傷（トラウマ）と脳の所見に関する研究の結果は、発達障害という問題を考える上で、格好のモデルを与えてくれるのでここで取り上げておきたい。

心因であることがもっとも明確な疾患である外傷後ストレス障害（PTSD。トラウマを負った後、数ヵ月経ても不眠やフラッシュバックなどの精神科的異常が生じるという病態）において、脳の中の扁桃体《へんとうたい》や海馬《かいば》という想起記憶の中枢と考えられている部位に萎縮や機能障害など、明確な器質的な脳の変化が認められることがまず明らかとなった。

しかしその後の研究によって、強いトラウマ反応を生じる個人は、もともと扁桃体が小さいらしいということが明らかになった。これはたとえばベトナム戦争で強いトラウマを生じた双生児の片割れが存在した例を調べたところ、トラウマの影響が見られないもう一人についても、やはり扁桃体が標準より小さいことが明らかとなったのである。

では、どのようにして小さい扁桃体ができるのであろうか。一つは遺伝的な素因であることは疑いない。ところがマウスの実験などによって、小さい扁桃体が作られる原因は被虐待体験らしいということが現在もっとも有力な説となっている。何か悪夢のようなニワトリ－タマゴ論争であるが、つまり先に慢性のトラウマに晒《さら》されて小さい扁桃体の個体が生じ、その個体が成長した後、トラウマに晒されたときに、PTSDという精神科疾患を高頻度で生じるというのが現在のところの結論である。しかし一方で、先に述べたように扁桃体の大きさに、背が高い低いと同様の生まれつきの遺伝的な素因もあると考えられている。

リスクが積み重なって

つまり最新の科学的なエビデンスにもとづく知見では、もともと脳の状態がある個人がある環境因に晒されたときに、さらに脳の組織や働きの変化が引き起こされ、精神科症状として発現するという機序が想定されている。ここで言う脳の状態を作るものは、素因もあれば、生後まもなくの被虐待のような、非常に強烈な環境因であることもある。これは器質因（素因）と環境因との掛け算によって治療の対象となる精神科疾患が生じるという普遍的なモデルである。

このモデルは、ほぼすべての慢性疾患の場合と同一であることに注目してほしい。たとえば糖尿病の素因を持つものは多い。素因がある人とない人では、糖尿病のなりやすさには大きな違いがある。しかし素因があっても節制によって発病を防げ、素因がなくても極端な暴飲暴食を続ければ発症に至る。このモデルは児童に見られる心の問題にもそのまま当てはまる。児童の精神科疾患においてもっとも多いパターンはといえば、もともとの生物学的な素因に情緒的な問題が絡み合って複合的な症状を示すものである。

一例としてチックを例に取り上げてみる。チックとは、瞬きを繰り返す、しかめ顔、咳払いを繰り返すなど、随意とも不随意とも言いがたい慢性の運動や発声の反復が認められる、子どもには非常に一般的な、習癖とも病気とも言いがたい行動上の異常の総称である。

チックはドーパミン系の神経経路の過剰反応を原因とする明らかな生物学的な素因があり、それなくしては生じない。しかし臨床における経過は、ストレスや緊張などの情緒的な問題が要因となり、良くなったり悪くなったりを繰り返す。たとえば厳しい先生に当たれば非常に悪化し、夏休みに入ってストレスがなくなれば一挙に改善するといった具合である。一過性で自然軽快をするものが大半を占めるが、大声の叫びの反復など周囲に迷惑を生じる重度の不適応や、そこから発展して強迫性障害（ばかばかしいと分かっていても手を洗うなどある動作を繰り返さざるを得なくなるという状態）などはっきりとした精神科疾患に至るものもまれにある。この重症度については、素因もあれば環境因も関与している。

さらに上記のモデルで考えてみると、近年、発達障害が増えているらしいということの謎が解ける。

たとえば糖尿病の素因は一定でも、生活習慣が変化すれば患者数は増えたり減ったりすることは十分に起こりうる。同じように発達障害の大多数は、生物学的な素因を強く持っていることは明らかであるが、引き金となる環境状況によって増えるということは十分に起こりうる。その引き金となる環境状況は直線的な原因結果ではなく、リスクの積み重ねという形のほうが実際によく合致する。たとえば高齢出産、タバコの影響、多胎、未熟児、生後から一歳ごろまでの環境的要因、刺激の絶対量の不足、逆に刺激の絶対量の過剰などなど。それのみでは原因となり得ないが、そのおのおのが要因となりうるのである。

発達障害の概観

さて、ここでいよいよ発達障害に関して概観を見てみよう。発達を分けていくと、いくつかの領域に分けることができる。おのおのについて国際的な診断基準によって診断名が確定されている。

ところがこれまでわが国の施策の中で、発達障害として公認されていた問題は、きわめて狭い領域に限られていた。つまり発達障害を抱えていても、社会的に公認されないものが多数存在した。二〇〇五年に施行された発達障害者支援法は、これらを発達障害と認定した点で画期的な法律である。

発達の領域と、その内容、その発達障害の診断名、以前から公認されていたか否かについてのまとめを表1に示す。診断名は現在もっともよく使われている診断基準である、アメリカ精神医学会作成の診断と統計のためのマニュアル第四版（DSM-Ⅳ）に従う。

発達の領域	その内容	発達障害の医学的診断名	従来の発達障害認定
認知の発達	周りの世界を知り、理解する。また言葉を覚え、言葉を用いて考えるといった基本的な認知の発達	精神遅滞	○
学習能力の発達	基本的な認知の力を踏まえて、文字を読む、書く、計算をするといった学習能力の発達	学習障害	×
言語能力の発達	言葉の発語、言葉の理解など言葉の発達の障害	発達性言語障害	×
社会性の発達	親子の信頼ときずなに始まり、他人の気持を読むこと、さらに人との付き合い方や社会のルール習得の発達	広汎性発達障害（自閉症スペクトラム）	知的障害を伴うもののみ○
運動の発達	歩く、走るといった体全体の運動の発達	筋肉の病気によって起きる、筋ジストロフィー症などの筋肉病、全身の運動の調節の障害として起きる脳性麻痺など	○
手先の細かな動きの発達	ものを持つ、スプーンを使う、字を書くといった指の細かな運動の発達	発達性協調運動障害	×
注意力・行動コントロールの発達	認知の発達と深い関係にある、注意力や集中力、行動コントロールの発達	注意欠陥多動性障害（ADHD）	×

表１　発達の領域とその障害

発達障害は重なることがある

表1に示した発達のおのおのの領域はすべて相互に関係している。たとえば、認知の発達の遅れがあれば、当然、学習の発達の遅れも生じてくる。しかしたとえば、認知の遅れがなくても、社会性の遅れがあるといったように、おのおのの要素はある程度独立した問題でもある。つまり、ここに分けたそだちの乱れは、それぞれが異なった発達の領域を取り上げているので、さまざまな組み合わせの形が起きることがある。社会性の遅れと知的な遅れを一緒に持つもの。社会性の遅れはあり、知的な遅れはないが、学習の遅れと微細運動の問題（いわゆる不器用さ）を持つもの。集中力の遅れと、学習の遅れを一緒に持つものなどなど。このような場合には、ではどうすれば良いのだろうか。

国際的診断基準では、優先順位が規定されている。原則として、社会的適応に際してもっとも重要な問題となりやすい領域の障害を優先診断とするのである。

おのおのの説明は後に行うが、少し先取りをして述べると、たとえば、注意欠陥多動性障害（ADHD）と広汎性発達障害の一群であるアスペルガー障害との併発は、より重大な問題である社会性の障害のほうが優先となる。したがって、注意欠陥多動性障害の症状と、アスペルガー障害との症状が両者ともあれば、多動を伴ったアスペルガー障害という診断となるのである。一方、優先順位がどちらとも言えない場合には診断の併記となる。たとえば学習障害とアスペルガー障害の併存は、学習障害およびアスペルガー障害という診断となるのである。

障害という言葉

もう一つ、ここで注意を喚起したいのは、「障害」という言葉のニュアンスである。障害という日本語は著しく断定的なニュアンスを持つ。しかし障害を英語で記せばdisorderであり、disは乱れを意味し、orderは秩序を意味する。つまりdevelopmental disorderという英語の意味に沿えば、発達障害とは正しくは「発達の道筋の乱れ」、あるいは「発達の凹凸」という意味となる。

脱線であるがdisorderのこのようなニュアンスを正しく伝えることができる日本語はないだろうか。統合失調症の呼称にならい、○○障害より○○失調のほうがまだしも良いのではないだろうか。知的失調症、広汎性発達失調症、注意欠陥多動性失調症など。読者のみなさんからの良い提案を期待したい。

発達障害も発達する

子どもは発達をしてゆく存在であり、発達障害の子どもたちも当然、日々発達してゆく。その過程で、凹凸や失調は全体としては改善をしてゆくのが普通である。むしろ、改善をしていかなければ何かおかしなことが起きたと考えるべきであり、二次的な問題の派生を疑う必要がある。そして成長をして大人になったときに、子どものころに発達障害を持っていたとしても、生活をしてゆく上で、支障になるようなハンディキャップを持ち続けているとは限らない。前章で紹介したB君のように、むしろそのような改善が大多数の場合には実現可能である。

いまだにきちんとした科学的な裏づけのない発達障害の「奇跡的治療」が喧伝《けんでん》されることがあるのは、この点の誤解にあるのではないかと思う。「○○療法」によって劇的に改善した、といったレポートがテレビで放映されると、筆者の外来にも、その是非を巡って質問をされるご家族が必ずいる。筆者は次のように答えるのが常である。

「お子さん自身を振り返ってください。この何年間かで、ずいぶん成長をしなかったですか？　もしカメラを、初診のとき、半年後、一年後と回して記録を取っていれば、テレビレポートもびっくりの大きな発達をしているでしょう」

すると「そういわれてみればそうですね」と応じられて、この話はそれで終了となる。

このような子どもならではの特殊性があるために、ほとんどの発達障害について、精神医学では慎重な定義が作られてきた。大部分では、診断基準に「その発達の問題によって社会的な適応が損なわれているもののみを障害とする」という除外項目が付加されているのである。生来の素因を持って生じた発達障害に対して、さまざまなサポートや教育を行い、健全なそだちを支えることによって、社会的な適応障害を防ぎ、障害ではなくなるところに、発達障害の治療や教育の目的がある。

子どもを正常か異常かという二群分けを行い、発達障害を持つ児童は異常と考えるのは今や完全な誤りである。発達障害とは、個別の配慮を必要とするか否かという判断において、個別の配慮をしたほうがより良い発達が期待できることを意味しているのである。

ここでは次のように発達障害の定義を行っておきたい。

「発達障害とは、子どもの発達の途上においで、なんらかの理由により、発達の特定の領域に、社会的な適応上の問題を引き起こす可能性がある凹凸を生じたもの」

できれば筆者としてはすべて〇〇失調と書きたいところであるが、読者のよけいな混乱を招かないよう、本書では以下の記述において、心ならずも一般的な呼称である障害を用いることとする。

個人差と発達障害の違い

ここにあげたおのおのの発達の側面については、いわゆる「個人差」がある。どこまでが問題として取り上げるべきで、どこまでが個人差のレベルなのかということについては、先ほどすでに触れた。その苦手さが、生活の上で不具合を生じているのであるとすれば、発達障害として、診断や治療また個別の教育（特別支援教育）の対象となるのである。

学校の先生からしばしば聞くのは、クラスの中でサポートが必要な子どもに受診を勧めると「うちの子を障害児にするのか」と激怒する親が少なくないという苦情であるが、これは親の側の思いこみによる誤解に基づいていると言わざるを得ない。

要するに、本人の責任ではないことによって（本人が怠けたり、わざと反抗したりしているのではなく、また親の躾《しつけ》の不備によるものでもなくて）学校生活に支障が起きていることが明らかとなったのに、この本人にとって不幸な状態を、医療機関など専門家の助けを借りてなんとか解決しようという申し出を、発達障害という名前に由来する偏見から、拒絶をしてしまおうとしているのである。親が怒ったところで、子どもの持つ問題が解決するわけではまったくない。学校教育の選択に関しては後にまた詳しく述べよう。

偏見は、誤った知識から生じる。この本は、発達障害に対する誤った知識を減らし、どのようにすれば発達障害を抱える子どもたちがより幸福に過ごすことができるようになるのか、正しい知識の紹介をする目的で書かれている。

さらにいわゆる専門家のサイドにも実は誤診例が存在する。従来、発達障害を非常に限定的に捉えていたために、比較的軽微なものに関しては、後述する子どもの高い代償性もあって、その存在に気づかれずに青年期、あるいは成人期を迎えることも生じてきた。特に知的障害を伴わない軽度発達障害は、軽微とは言いがたいさまざまな適応上の問題を生じていても、発達障害の存在に気づかれずに経過する場合がある。

従来の精神科臨床では、青年期、成人期の患者の診療に際して、乳児期、幼児期の発達状況を丹念に聴取するという習慣を持たなかったために、統合失調症をはじめとするさまざまな精神科疾患において発達障害の基盤を持つことに気づかれずに診断がなされ、治療が行われていた例は少なくない。この問題は、今後大きな議論になる可能性がある。

発達障害の新たな分類

筆者は現在、発達障害は四つのタイプに大別されると考えている（次ページの表2参照）。第一のグループは認知の全般的遅れを示す精神遅滞と境界知能、第二のグループは社会性の障害である広汎性発達障害（自閉症スペクトラム）、第三のグループはいわゆる軽度発達障害で、行動のコントロールなど、脳のある領域の働きと他の領域の働きとの連動に際して

臨床的経過		頻度	併存症
学童期における臨床的特徴	青年期における臨床的特徴		
学習が通常の教育では困難、学習の理解は不良であるが感情発達は健常児と同じ	特別支援教育を受けない場合には学校での不適応、さらに被害念慮に展開することもある	1.1%	心因反応、被害念慮、うつ病など
小学校中学年ごろから学業成績が不良となる、ばらつきも大きい	それなりに適応する者が多いが、不適応が著しい場合は、不登校などの形を取ることも多い	14%	軽度発達障害群、高機能広汎性発達障害にむしろ併存症として認められることが多い
さまざまなこだわり行動の存在、学校の枠の理解が不十分なため特別支援教育以外に教育は困難、親子の愛着が進む	適応的な者はきちんとした枠組みの中であれば安定、一方激しいパニックを生じる場合もある	0.6%	多動性行動障害、感情障害、てんかんなど
社会的状況の読み取りが苦手、集団行動の著しい困難、友人を作りにくい、ファンタジーへの没頭	孤立傾向、限定された趣味への没頭、得手不得手の著しい落差	1.5%	学習障害、発達性協調運動障害、多動、不登校、感情障害など多彩
低学年における着席困難、衝動的行動、学習の遅れ、忘れ物など不注意による行動	不注意、抑うつ、自信の欠如、時に非行	3%〜5%	反抗挑戦性障害、抑うつ、非行など
学習での苦手さが目立つようになる	純粋な学習障害の場合は、ハンディを持ちつつ社会的適応は良好な者が多い	3%	学習障害自体がさまざまな発達障害に併存して生じることが多い
小学校高学年には生活の支障となるような不器用は改善	不器用ではあるがそれなりに何とかなる	??	他の軽度発達障害との併存が多い
多動性の行動障害、徐々に解離症状が発現	解離性障害および非行、うつ病、最終的には複雑性PTSDへ移行	2%	特に高機能広汎性発達障害は虐待の高リスク、もっとも多い併存は反応性愛着障害と解離性障害

	障害名	定義	
			幼児期における臨床的特徴
第一グループ	精神遅滞	標準化された知能検査でIQ 70 未満、および適応障害	言葉の遅れ、歩行の遅れなど全般的な遅れの存在
	境界知能	標準化された知能検査で IQ 70 以上 85 未満	若干の軽度の遅れのみ
第二グループ	知的障害を伴った広汎性発達障害	社会性、コミュニケーション、想像力の 3 領域の障害	言葉の遅れ、視線が合わない、親から平気で離れるなど
	高機能広汎性発達障害	上記の障害を持ち知的にIQ 70 以上	言葉の遅れ、親子の愛着行動の遅れ、集団行動が苦手
第三グループ	注意欠陥多動性障害(ADHD)	多動、衝動性、不注意の特徴および適応障害	多動傾向、若干の言葉の遅れ
	学習障害(LD)	知的能力に比し学力が著しく低く通常の学習では成果が上がらない	若干の言葉の遅れを呈するものが多い
	発達性協調運動障害	極端な不器用さ	不器用、他の障害に併発するものが多い
第四グループ	子ども虐待	子どもに身体的、心理的、性的加害を行う、子どもに必要な世話を行わない	愛着の未形成、発育不良、多動傾向

表 2　発達障害の新たな分類とその経過

障害を生じるタイプであり、注意欠陥多動性障害（ADHD）や学習障害（LD）、発達性協調運動障害が含まれる。第四のグループは子ども虐待にもとづく発達障害症候群である。

ここで子ども虐待が登場することに驚かれる読者が存在するかもしれないが、子ども虐待は、先の発達障害の定義にきちんと合致する。それぞれのグループについて、できるだけわかりやすく説明してみたい。

第三章　精神遅滞と境界知能

精神遅滞とは

知能とはいうのは実は非常に難しい質問である。この章の最後に少し取り上げるが、ここでは当面のところ、全体的な認知能力としておきたい。知的な障害とは、一般的にはＩＱ70未満となる。

精神遅滞は知的障害とは同義語ではない。精神遅滞とはさらにその知的障害によって、社会的な適応障害を生じた場合と定義されている。

全世界的に知的障害は人口の二・一パーセント前後であることが知られている。その上で、上記の定義に従った精神遅滞はというと一・一パーセントから一・二パーセント前後となることが報告されている。この罹病率は実は多すぎる。

知的障害を示す児童の八九パーセントまでがＩＱ50～69の範疇《はんちゅう》に入る軽症の知的障害である。ＩＱ50とは、成人に達したときの知的能力は健常発達の九歳前後と同等である。われわれの周りの小学校四年生を考えてみれば了解できるように、抽象概念操作や、複雑な知的作業は困難であるとしても、特別支援教育をきちんと積み上げてゆけば、このレベルの知的障害は社会的な自立を妨げることはない。一般的な単純作業であれば工場労働は可能であり、むしろ、就労の報告を見ると、単純作業においては就労継続率はむしろ高いことが報告されている。経済的な自立や結婚、子育てにおいても、必要な時のみ若干のサポートがあれば可能である。

全体の約九割の知的障害児がIQ50以上ということは、知的能力そのものによって自立を妨げられる可能性があるグループは〇・二パーセントに過ぎず、精神遅滞の実測値である一パーセント前後というのは、その実に八割まで、回避可能であった適応障害が生じたものであるということだ。

もう一つの精神遅滞に関するトピックスは、発達障害の第二のグループ、自閉症グループとの関連である。知的な障害が重ければ重いほど、自閉症の併存率は高くなる。つまり、純然たる重度の知的障害は実は少なく、その多くが自閉症あるいは広汎性発達障害を伴った知的障害となる。このことを考えてみると、たとえば同じダウン症の青年にしても、軽度の知的障害のグループと重度の知的障害のグループで、なぜこれだけ対応のしやすさに著しい差が生じるのか（もちろん重度のグループのほうが扱いにくいのである）という、知的障害特別支援学校の教員がしばしば口にする疑問の謎が解ける。要するに知的障害が重いグループにおいては自閉症（社会性の障害）が合併しているからなのである。

以前から知的な能力が低いほど情緒的にも不安定になりやすいという結果が示されてきた。純粋な知的障害の場合、感情的な発達は健常発達の児童と同じである。自分の努力に成果が伴わない、あるいは他者に常に遅れを取るという体験を繰り返すことは情緒的な問題に直結せざるを得ない。それに加えて他者からのからかい、いじめなどが加算された場合には、青年期に至って、すべて被害的に受け取るという状況を作り上げることもまれではない。

精神遅滞のそだち

幼児期は、言葉の遅れ、歩行の遅れなど全般的な遅れが認められる。小学校年代では徐々に学習の遅れが目立つようになる。特に第一章で述べた小学校中学年ごろから遅れは著しくなる。しかし社会的な遅れはないので、一般に適応は良好である。筆者は、小学校低学年で他の子が嫌がるような掃除やクラスの役などを進んでこつこつと行うのですっかり周囲の尊敬を集め、級長さんになったダウン症のお子さんを知っているが、やはり一般的には特別支援学級を用いて学習を補っていかないと、青年期には大きな不適応を作ってしまう。

筆者は仕事柄、さまざまな成長を見てきた。典型的と思える二人を紹介する。二人とも、ほぼ同年齢の女性で、知的にはIQ60台である。

Dさんは四歳ごろ、言葉の遅れで筆者のもとを受診した。それから長年にわたって相談を受けてきた女性である。小学校にあがった後、学習に困難があり、筆者は無理をしないことをお勧めしたが、当初は両親の了解を得ることができなかった。

小学校三年生のときに事件が起きた。Dさんが母親の財布からお金の持ち出しをしたことに気づいた両親が問い詰めたところ、同級生に半ば騙《だま》されて、Dさんは小遣いを取り上げられ、さらには母親の財布からお金を持ち出して同級生とその姉に貢がされていたことが発覚したのである。

この事件があって両親もこれではいけないと反省し、Dさんは四年生から特殊学級に転級した。するとそこではDさんは学級のリーダー格となり生き生きと学校生活を送るようになった。中学校も特殊学級を選択し、そのまま大きなトラブルなく過ごした。Dさんはなかなか可愛いお嬢さんで、また良い意味で純情なところがあるので、先生にもまた周囲の同級生にもとても愛されていた。通常クラスにもファンが多かったようである。

養護学校高等部に進学したが、このころから自分の自信のなさを口にするようになった。突然に、小学校のころ母親が言ったという「こんなこともおまえはできないのかねえ」という言葉を思い出して母親にぶつけ、母親をひとしきり泣かせたこともあった。Dさんは卒業するころには以前に比べると無口になっていた。

その後、最初ある部品工場で勤務し一～二年間はよく働いていたが、同僚のパートの中年女性の中に、Dさんのややかげりのある性格をなぜか非常に嫌悪する人が現れた。Dさんの良い意味で純情な単純なところを、どうやら悪意で受け取ったらしい。いろいろな悪口を言われたり、妙にお節介を焼かれたりするということが生じ、Dさんは振り回され抑うつ的になってしまった。しばらく外来で薬物治療を行ったが、会社への出勤ができなくなりDさんは会社を退職した。

その後しばらくは自宅で過ごしていたが、やがて近くの食品会社に再就労した。そこでもよく働いて数年が経過した。ここでDさんに結婚の話が舞い込んだ。職場で知り合った男性という。いちばん危惧をしたのはお母さんであった。最初、騙されやすいDさんに男性がつけ込んだのではないかと母親は心配をしていたのであるが、実は男性の側も、知的な遅れはないが交通事故の後遺症があり、両者とも真剣であることが明らかになった。

あまり詳細に書くことを避けたいが、駆け落ち未遂事件など紆余曲折はあったものの、Dさんはその男性と結婚し、子どもにも恵まれて、ごくごく普通の結婚生活を送っている。お金の使い方や、子育てで困惑したときはDさんは必ず母親に相談をしている。また、地域のファミリーサポートセンターを活用し、子どもの通院などに関してはときどき送り迎えを依頼している。筆者の外来には今も年に一〜二回、お母さんと一緒に来ることが多いが、この数年は自分の子育ての上での問題が中心になっている。

情緒的なこじれ

Eさんは虐待臨床の中で出会った親子である。Eさんによれば、両親は「出来の良い」兄のみを大切にし、Eさんに対してはずっと差別的なそだて方をしてきたという。小学校の高学年から学校の授業についていくことは難しくなり、何度か教育相談で特殊学級を勧められたことがある。しかし父親はまったく応じなかった。

父親は成績がふるわないことをEさんの努力が足りないからだと、Eさんとそして母親を責め、時には自らEさんの学習の指導を行った。しかし年齢が上がるにつれて、父親の叱責にEさんが途中から泣いて何もできなくなってしまい、最後に父親が激怒して終わるという状況で、Eさんにとってはつらい時間となってしまったようだ。この父親への恨みはいまだにEさんの心の中にくすぶっているようで、筆者が相談を受けるようになったころには、父親が右と言えば必ずEさんは左を選ぶといった状況になっていた。

Eさん自身に学校生活について聞くと、特に何もなかったと言っていたが、実はEさんは小学校時代の記憶が抜け落ちていてどうやらまったく覚えていないということが明らかになった。そして断片的に出てくるエピソードといえば、「自分は覚えていないが、○○という意地の悪い子がいて、自分はその子につきまとっていじめられたらしい」といったパターンの思い出ばかりである。唯一、中学校一年生の時に年配の養護教諭がEさんにしばしば声をかけて励ましてくれたという良い思い出が語られるのみであった。

Eさんは中学校年齢から登校を渋りがちになった。母親によると一時期、ツッパリグループとの交流もあったらしい。このころからEさんは父親には反発するようになり、母親にも気持ちを閉ざしてしまったようだ。Eさんは中学を卒業後、専修学校に進学したが、まもなく不登校になり退学した。その後、しばらくの間、親の紹介した仕事を転々とした。両親に告げずに友人の紹介で水商売についた時期もあるようである。

やがて男性と知り合い、妊娠し結婚をした。詳細に書くことは避けるが、最初の子どもが頭蓋骨を骨折してしまった。Eさんによる虐待の結果であった。医師からの通報で児童相談所による介入がなされ、母子分離となった。

筆者との継続的な相談が始まったのはこの時期である。Eさんの知能指数を測定してみるとIQ60台であった。その後、Eさんは何人もの男性との間に何人かの子どもを作り、それぞれが社会的養護の対象となった。筆者は唯一、Eさんにそれなりに意見を言え、Eさんがしぶしぶでもいくらかは意見を聞く存在であったが、周囲から提供されるサポートをEさんは受け入れようとせず、公的機関のほぼすべてのメンバーと、すぐに喧嘩になってしまっていた。

その背後には、深い自己不全感と被害的に見る傾向が垣間《かいま》見えた。母親は中学時代のツッパリとの付き合いがEさんの性格を歪めた原因と今でも信じているようであるが、筆者には小学校時代からの、無理の積み重ねがもたらした心の歪みであることが見て取れる。

Eさんは数年後、新たな男性と共に駆け落ちをし、遠く離れた土地で生活をするようになった。新たに子どもが生まれたときには、その土地の児童相談所に連絡をするようになっているが、今のところそのような事実はないようである。社会的養護を受けている子どもがいることは述べた。それ以外に母親のもとには何名かの子どもが残されている。

このように適切な特別支援教育を受けて、知的障害を持っていてもきちんと就労し、ついに幸福な結婚と子育てが可能となった者と、その逆の道を辿った者とその道のりを見ると、発達障害の適応を決めるものは実は情緒的なこじれであるという事実がより鮮明に見えてくるのではないだろうか。

境界知能

知的なハンディキャップのもう一つの形が境界知能である。具体的にはＩＱ70～ＩＱ84前後の知的能力を示す児童となる。

さてこのグループについては、これまであまり注目をされなかった。しかし子どものそだちに関わる臨床に従事している者にとって、近年、境界知能は大きなテーマとなってきた。知的障害を持たない発達障害――軽度発達障害――が注目を集めているが、この中で境界知能が占める割合は非常に高い。特に学習障害を伴うグループについては、境界知能の児童が正常知能の児童よりも圧倒的に多いことが知られている。

さらに、そだちの大問題である子ども虐待の児童において、正常知能を示すものはまれで、知能検査をしてみると、その大半が境界知能を呈する。さらにこの二つ、軽度発達障害および子ども虐待と密接に関係する青少年の大問題である少年非行の事例において、これまた正常知能を示すものはまれで、ことごとく境界知能を示す。非行の事例においては、学習の遅れを伴う者が多く、特に国語力の不足が内省力の不足に直結し、悩みを保持することができず非行に走りやすい傾向を生むという状況をしばしば認める。

こうしてみると、境界知能は、わが国の子育ての大きなテーマである軽度発達障害、子ども虐待、非行に密接に関わる大きな論点であることが浮かび上がってくる。

境界知能の重要性の一つは、その多さである。計算上は一四パーセントの子どもがこの境界知能の範疇に入る。このレベルの児童は、実は小学校教師の力量がもっとも反映される児童でもある。これまでの状況をあえて単純化すれば、小学校中学年のいわゆる九歳の壁の前後に、良い教師に当たった境界知能児はこの壁を突破し、知能自体も小学校高学年には正常知能になることが多かった。それに対し、そのような教師に恵まれなかった児童は、ここでハードルに捕まり、知能自体も小学校高学年には知的障害のレベルに下がっていたのである。

知能指数はけっして固定的なものではない。先述のようにその日のコンディションでプラスマイナス15前後は変動してしまう。また少し考えてみれば当然なのであるが、能力にあわせた学習が行われれば上がり、行われなければ下がるのである。これまでの状況と書いたのは、現在は特別支援教育に移行しており、このような児童に関してこそ、本人のニーズにあわせた個別的支援を行うことが原則として可能となったからだ。つまりスーパー教師に当たらなくとも、ハンディキャップを拡げずに学校生活を送ることが原理的にはできるようになった。ここで保留付きの言い方をしているのは、事例において後述するように、まだまだ日本の学校はそこまで成熟していないからである。

発達障害児特に軽度発達障害児において境界知能が多い理由は、発達障害児には、脳の一部の領域の働きは良好でも全体を動かすとなるとだめという形の機能障害を抱えるものが少なくないからである。このような児童を一般的な知能検査で計ると、知能を構成するさまざまな要素に著しいばらつきとして示され、その結果、全IQは境界知能となるのである。知的障害においては、適応においてもっとも重要な指標となるのは全IQの数値（つまりIQ35、IQ63といった値）であるが、境界知能においてはどの項目が良好でどの項目が不良かというばらつきが重要となる。その内容を検討し、子どもの不得手な領域を推定して、どのようにすれば補完できるのかということが、もっとも重要な情報となる。

従来のわが国においては、この領域の教育的な検討、開発は十分に行われてこなかった。むしろあまり気にされてこなかったのではないかと考えざるを得ない節がある。不思議なことに、学習がふるわないということを、学校はあまり気にする様子がなかったからであるが、この問題は第六章の「学習障害」の項でもう一度取り上げる。

境界知能の事例F君

F君は視力障害を訴えて受診した九歳の男児である。学校の検診で視力障害を指摘されたが、眼科では異常なしと言われ受診となった。授業中の黒板はよく読めないという。

F君の父親は一本気な性格で、喧嘩をしてすぐに手が出る性格のため、職場で喧嘩によるトラブルを繰り返し、何度も失職している。家庭の中では子どもたちへの躾は厳しく、特に失職中にはしばしば子どもに八つ当たりし、子どもたちに手をあげることが多かった。つまり虐待と言わざるをえない状況であった。

母親はこのような父親を支えてきたが、父親の再就職が難しく、アルバイトのような仕事にしか就くことができなくなると、家計は母親が支える状況となった。子どもの側に、さまざまな心身の症状が頻出するようになったことから母親は決意を固め、F君が九歳のとき、最初の受診をする直前に、父親に迫って離婚となった。離婚をしても子どもたちは月に数回は父親とは会って交流を続けている。

F君は幼児期に言葉の遅れがあり、二歳でも二語文はなく、単語のみの発語であった。しかし言葉の理解は良く、三歳ごろにはスムーズな会話をするようになった。幼稚園でも友人はすぐにできて、大きな問題はなく、運動会や発表会ではリーダーになっていた。小学校入学後、一年生で大きな問題はなかったが、二年生で吃音《きつおん》が生じ、父親から叱責を受けるようになった。後から振り返れば学校での学習が少しずつ大変になっていたのではないかと母親は言う。

三年生になると、担任の先生が嫌いだと登校を渋るようになった。このころ父親は何度目かの失職をし、家で荒れていた。学習ははっきりと困難を示すようになり、同時に忘れ物が多く宿題のノートを忘れてくるようになった。四年生になって四月の検診で強度の視力低下を指摘され今回の受診となったのである。

初診時の簡易検査で人物画を描かせたところ境界知能を示した。これはグッドイナフ法と呼ばれ、人物画の構成要素を判定することで、だいたいの知能指数を判定することが可能である。純粋に知能だけでなく、情緒的な能力やこの後述べる自閉症グループの発達障害などにおける周囲世界の認知の歪みもまた反映されるため、さらに広い情報を持つ検査であるが、その簡便性と情報の広さを考慮し、われわれは初診において、必ず実施している。F君に対して学習に関するスクリーニングを行った。WISCでは言語性IQ79、動作性IQ74、全IQ74であった。K‐ABCという認知検査では継時処理、同時処理、習得度、認知処理はそれぞれ八〇点前後を示し、WISCの結果と一致した。絵の統合が五歳レベルと五パーセント水準の弱さ、視覚類推が一〇歳レベルと逆に五パーセント水準の強さを示すのみで、大きなばらつきは見られなかった。

学力の査定では、国語力は文章の読解が小学校二年生程度、漢字は一年生レベルですでにつまずきがあり、算数は繰り上がりのある加算で誤りがあり、九九は不完全、割り算はできていないため、二年生レベルの課題から学習し直す必要があることが明らかとなった。視力障害自体は心因性のもので、受診の後速やかに回復した。しかし学習の遅れとそれに伴う不適応に対する対応は円滑に進まなかった。

治療者は家族を通してこの結果を学校に伝え、個別の学習を行う時間を設けてほしいとお願いした。学校の返事は、地域では通級制度がなく、知能に遅れのない子は特殊学級の対象にならないとのことであった。また特殊学級は多動を伴った自閉症の生徒への対応で、まったく手が回らないという。われわれはF君に対し二週間に一回程度の臨床心理士による学習教材を用いた心理教育療法を行い、基本的な学力の補いを図った。

小学校四年生の後半には徐々に基礎学力は向上したが、学校の授業にはまったくついていけなくなった。五年生になると夜更かしをして朝起きにくい状況が続いた。文章の読解力は増し、漢字の学習にも成果があがってきたが、算数の課題は最初から拒否し、頭痛、腹痛などの身体症状を訴えて学校を休むようになった。六年生になったF君は明るさを保っており、友人も多いが、毎日遅刻しながらかろうじて登校をしている状況となった。

中学校では不登校となり、昼夜逆転の生活となってしまった。ただし非行は生じていない。筆者はF君に対し、「学校は永遠に続くように感じられるだろうけど、遠からず中学を卒業するから、そうしたら元気に働こう」と励ましている状況である。

F君の初診時の学習状況は、知的な能力を考慮してもなお大きな遅れがあり、学習障害と診断される。父親の体罰や子どもたちへの八つ当たりという不適切な養育環境が背後にある。F君はこのような逆境の中でも明るさを失っていない。だが学校生活はとてもつらそうである。

心因性視力障害はまさに学校の授業を受けることに困難があることを端的に示す救助信

号である。医療機関を受診し、家庭環境も改善され、視力障害は良くなったが、学習の補いは不十分であり、医療サイドで行われた学習の補いによってかろうじて基礎学力が改善した状態である。しかし学校のカリキュラムからは置いていかれ、不登校などの不適応症状が出現するようになった。

学校側の大変さは分かるが、F君はこのままでは不登校になるに違いないと小学校年代からすでに治療者側が予告していて、その通りになったというこのお粗末な状況を、誰が責任を取るのであろうか。F君が性格の歪みや非行に向かうことなく、今の明るさや優しさを保ったまま成長してほしいと念じるばかりである。

そもそも知能とは

そもそも知能とは何だろう。精神科医の安永浩は現象としての知能、状態としての知能、素質としての知能という三段階に分けて知能の働きを見ることの必要性を指摘した。知的な障害においては、個々のばらつきよりも、知能の程度そのものによる臨床的な差が、行動的な特徴を示すとされてきた。それであるからこそ、精神遅滞は知能指数によって、軽度、中等度、重度などの分類をされてきたのである。しかし境界知能となると、この事情は大きく変わってくる。

第一には、知能を構成する能力の諸因子間のばらつきという問題である。知能指数は、個々の児童のさまざまな認知能力の因子を、決められた手順の面接によって測定し、それを数字に置き換えることによって表される。広範な領域の認知能力因子や記憶能力、さらに作業能力を最終的に一つの数字に絞り込むことには、それ自体実は大きな無理がある。このような絞り込みを行うために、個々の認知能力間に大きなばらつきが存在する場合には、全体的な知能指数は下がり、結果的に境界知能となることが多い。軽度発達障害に属するさまざまな病態は、このような知能を構成する因子間のばらつきを示すものの代表である。注意欠陥多動性障害（ＡＤＨＤ）にしろ、学習障害にしろ、高機能広汎性発達障害（第五章参照）にしろ、境界知能を示す児童が多いのはそのためであろう。

Ｆ君は、境界知能の学習障害児としては、知能検査の構成要素間のばらつきはきわめて少ない方に属すると考えられる。それでもＷＩＳＣのそれぞれの項目間で、素点にして六点の差があるのである。臨床的な視点から言えば、知能検査の値は、知的障害が軽くなればなるほど、全体的な知能指数よりも個々のばらつきの状況のほうが重要となってくる。知能指数だけでは不十分で、検査の過程で得られるさまざまな情報にこそ意味があると言える。

第二には、学習と知能との関係である。Ｆ君にしても、小学校中学年で治療的な介入を行わなければ、小学校卒業時点で軽度遅滞レベルに到っていたものと考えられる。この要因としては、多動を伴う児童が服薬によって小学校低学年を乗り切り、その後、生物学的に多動が軽減する年齢になり急に成績が上がったなど、生物学的な要因によって起きる場合もあるが、なんといってももっとも大きな要因となるのは小学校教育での体験である。先に述べたように境界知能の子どもとは、いわば教師の力量がもっともよく表れる児童でもある。知的なハンディキャップは、軽症であるほど、「状態としての知能」の振れ幅が大きくなる。境界知能においては、知能指数の値がけっして固定的なものではないことをわれわれは銘記する必要がある。

F君のような児童は、中学卒業後に良き職人、良き労働者として十分に適応していたはずである。今日の学歴社会、そして第三次産業が圧倒的な割合を占める社会的な構造の中で、F君のような事例において、成長した後の良好な社会的適応を必ずしも保証できない状況となっている。「美しい国」の実現は、F君のような本来は優しい心を持ったハンディキャップのある青年が、健やかに成長することができるシステムを作り直すところから始めるのでなくては、絵空事に過ぎないと筆者には思えるのであるが。

第四章　自閉症という文化

自閉症の三つの症状

発達障害の第二のグループについては、自閉症および広汎性発達障害の一般的なグループと、知的に遅れのない高機能広汎性発達障害グループとに分けて、本章と次章で取り上げる。その理由は、自閉症グループは「発達障害のチャンピオン」であり、極論を言えばこのグループに対して十分に対応できれば、他の発達障害への対応は容易であるからである。

ここで「高機能」という用語について解説を加えておきたい。高機能とは知的な遅れがないことを意味し、一般にＩＱ70以上のものをさす。ＩＱ70以上の自閉症を高機能自閉症、ＩＱ70以上の広汎性発達障害を高機能広汎性発達障害と呼んでいる。それに対し、ＩＱ70未満の知的障害を伴うものに対しては、「低機能」では不適切なので、非高機能広汎性発達障害と呼ぶようにしている。

広汎性発達障害の中心は自閉症である。自閉症はそれ自体が、科学史に特筆すべき迷走の歴史を持っている。なぜなら、一九四三年のレオ・カナーによる最初の報告以来、一貫して質、量ともに膨大な研究がなされてきたにもかかわらず、その基本的な病因仮説が一度ならず二転、三転したのである。この本でその詳細を辿ることは避けたいと思う。興味のある方は拙著『発達障害の豊かな世界』（日本評論社）をご覧いただきたい。何より自閉症はそれだけ謎に満ちていたということであろう。

自閉症とは生来の社会性のハンディキャップを持つ発達障害である。今日、自閉症は次の三つの症状によって診断される。第一は、社会性の障害である。第二は、コミュニケーションの障害である。第三は想像力の障害とそれに基づく行動の障害で、一般的にはこだわり行動と呼ばれている。

この三つが国際的診断基準の示す基本症状で、言い出した人間の名前を取って「ウィングの三症状」と呼ばれることもある。それ以外の重要な問題として、知覚過敏性の問題がある。また、多動な子どもがいたり、学習障害を呈する子どもがいたり、不器用な子どもがいたりする。このような広い発達の領域に一度に障害を生じるので、広汎性発達障害と呼称されているのである。

ここで注意を要するのは、知的なハンディキャップに関して、この三つの症状は何も語っていないということだ。自閉症と診断される子どもには、最重度の知的障害を持つものから、まったくの正常知能のものまでいる。

この三つの基本症状のおのおのについて説明を行うが、それぞれ「自閉症の」社会性の障害、「自閉症の」コミュニケーションの障害という具合に、自閉症独自の形を持つのである。

逆転バイバイ

自閉症の社会性の障害とは、人と人との基本的なつながりに生まれつきの苦手さがあるということに他ならない。

赤ちゃんのそばに近づくと、ぱっと赤ちゃんの目が飛んできて、じっとこちらを見つめるのを経験した方も多いのではないかと思う。特にお父さんお母さんに対しては、目が合えば必ずにっこりとほほえむのであるが、見ず知らずの人に対しては、じっと見つめるところまでは同じであるが、わーと泣き出してしまう。またお母さんやお父さんが、赤ちゃんを置いたまま行ってしまおうとすれば、追いかけ、泣き声を出して追いすがろうとする。

自閉症の場合には、このような一連の愛着行動に、大きな遅れが認められる。まず目が合わない。後追いをしない。それどころか歩けるようになると、平気で親の元を離れて突進をしてしまい、親のほうが後を追いかけていかないと迷子になってしまう。人見知りもほとんど見られない。

自閉症の社会性の障害とは、筆者なりに圧縮すると「自分の体験と人の体験とが重なり合うという前提が成り立たないこと」と、まとめることができる。

普通の赤ちゃんは一歳前ぐらいになると、何か新しいものを見つけたときに、お母さんの目をまず見る。お母さんがそれを見ていなければ、手で示し、声を上げてお母さんの注目を引きつけ、お母さんが一緒に見つめていることを確認して、笑ったり喜んだりする。つまりこの行動は、注意と感情とを赤ちゃんとお母さんが共有している姿に他ならない。

自閉症児の場合は、この一緒に見る、一緒に喜ぶといった行動が著しく遅れる。それだけではない。健常な子どもは、すでに乳児期の後半からバイバイの真似をして手を振る。自閉症児も、真似ができるようになると「バイバイ」をするが、手のひらを自分の方に向けて「バイバイ」と手を振るのである。これは「逆転バイバイ」と呼ばれる現象である。

ところがよく考えてみると、大人が赤ちゃんに向かって「バイバイ」とするときには、手のひらは赤ちゃんの方に向いている。機械的にそれを真似れば、実は自閉症児の「逆転バイバイ」が正解なのだ！　むしろ問題は、なぜ普通の零歳児が、手のひらは自分のほうを向いているのに、相手に手のひらを向けてバイバイができるのかということである。普通の赤ちゃんでは、すでに乳児のうちに、自分の体験と人の体験が重なり合うという前提があるからに他ならない。自閉症の場合には、この段階ですでに問題があるのである。

言葉の遅れ、こだわり行動

自閉症の二番目の特徴的な障害は言葉の遅れである。普通は一歳を過ぎると出てくる始語の開始が遅れ、またオウム返しが続くこともある。注目をしていただきたいのは、自閉症の言葉の遅れとは単なる遅れではなく、自閉症の社会性の障害の上に、言葉が発達をした形を取っているということである。自閉症の子どもは、言葉が出てくると、オウム返しが長く続くという特徴がある。またミルクが欲しいときに、「ミルクが欲しいの？」と、疑問文によって要求を表すこともよく知られている。なぜこのような疑問文による要求が出るのかと言えば、自分がミルクをもらえるときに、周りから「ミルクが欲しいの？」と聞かれるからに他ならない。つまり、この疑問文で要求するというパターンは、手のひらを自分に向けてバイバイをするのと同じ構造である。

このような社会性の障害の上で言葉を発達させているので、言葉が伸びてきた子どもでも、会話を通して体験を共有するといった言葉の活用が著しく苦手といった特徴を持っている。

自閉症の三番目の特徴が想像力の障害である。子どもは遊ぶ存在である。健常な子どもはいろいろなものを別のものに見立て、あるいは何もなくてもそこにあると想像をして、活発なごっこ遊びを展開する。砂の固まりがプリンになり、ご飯になり、お団子になる。

また新聞紙を丸めたものが、鉄砲になり、刀になる。このような見立て遊びは、自閉症の子どもの場合極めて苦手なのである。

そのかわり自閉症の子どもが示すのは、こだわり行動である。まず、手のひらを目の前でひらひらさせる、手をぱたぱたと振る、コマのようにくるくると回るといった反復自己刺激行動、それから特定の記号やマーク、また換気扇にだけ注目をして突進をするといった興味の限局、さらに道順にこだわる、ものの位置にこだわる、同じやり方にこだわる、順番にこだわるといった順序固執に展開していく。筆者は、一人の自閉症児の幼児期からこだわり行動が何種類出たか調べたことがあるが、なんと八〇〇以上あった。そのくらい自閉症にはこだわりがついて回るのである。

自閉症者の自伝

ここで自閉症の体験世界について、なるべく簡略に触れておきたい。この体験世界を扱う科学を精神病理学という。一般の心理学では病的体験に属する幻覚や妄想などは歯が立たないため、精神医学は独自の医学心理学を構築する必要があった。何となれば、体験世界のあり方を知れば、その体験世界を持つ者とのコミュニケーションはより容易になり、治療の上では非常に役に立つからである。

自閉症の基本的な病因仮説がころころと変わったということは、自閉症の精神病理学の確立が遅れたために他ならない。余談に属するが、筆者は八〇年代半ばに、自閉症の精神病理の確立を自分のライフワークにしようと考えた。寡症状（陽性症状が非常に乏しい）の統合失調症よりもさらに自分を語ることが難しい自閉症の体験世界は、一生をかけて取り組む意味があると考えたからであるが、当時、自閉症者自身による自伝はまだほとんど出ておらず、これほど達者に体験世界を語れる自閉症者が世界中に現れるとは、またその少なからぬ人たちに自分が直接お会いする機会があるとは夢にも考えていなかった。

これは解けてみれば簡単なパズルであった。まず統合失調症などと決定的に違うところは、自閉症は生まれつきの障害であるということだ。つまりその世界に生きている者にとって、その世界は奇異でも何でもなく、ごくごく当たり前なのだ。

ニキ・リンコ氏は翻訳家として大活躍している自閉症者であるが、三〇歳を過ぎて診断を受けるまで、自分の体験世界の普遍性になんら疑問を持たなかったという。たとえば知覚過敏のために今でもシャワーを浴びられないのであるが、ずっと「みんな偉いなあ」と思っていたという（つまり他の人はみな我慢してシャワーを浴びていると誤解していたわけである）。

実はこの点で大きな働きをしたのはドナ・ウィリアムズによる自伝『自閉症だったわたしへ』である。この本は世界的なベストセラーになり、自閉症者以外には、その特異な体験世界を啓発する上で画期的な働きをなしたが、それと同時に普通の人に紛れひっそりと生きてきた世界中の自閉症者に、自分の体験世界が普遍的ではないということを教える契機ともなったのである。

もう一つの手がかりはこの自伝という手段である。これまで精神病理学は会話や対話を中心に構成されてきた。その理由は、統合失調症は語らせればある程度きちんと語るが、書くことは一般に非常に困難であるという理由による。自閉症の精神病理も当初はこの統合失調症からもたらされた先入見によって、精神医学が得意とするインタビューで行おうとしていた。ところが、自閉症は統合失調症とは反対に、語ることは困難であるが、書かせるとより容易になるのである。これは正常知能の成人でも、時として筆談のほうが、正確なコミュニケーションができることとすらあることからも理解できるだろう。

ともあれ自閉症の独自の体験世界が明らかになったのは、こうしてごく最近のことである。一九八五年、テンプル・グランディンによる自伝を嚆矢《こうし》として、一九九〇年代以降、世界のさまざまな地域から、高機能自閉症者による自伝が著されるようになったのである。これらの自伝によって、自閉症児（者）の体験世界そのものが、我々とは相当に異なる部分があることがやっと明らかになってきた。その全体像を示すことはかなり困難である。以下に記すのは自閉症の世界の一部分を抽出したに過ぎない。できれば、自閉症者の自伝を一冊でも手にとって読んでいただきたい。それは、きっと読者に驚きをもたらす経験になるとおもう。また自閉症にプロとして接する教師や指導員にとっては、このような世界に触れることはプロとしての義務である。

自閉症という謎とその答え

自閉症はレオ・カナーによる一九四三年のその最初の記述以来、接するものにとっては謎の存在であった。


なぜ人を避けてしまうのか？

なぜ目が合わずに目をそらしてしまうのか？

なぜくるくる回ったり、ぴょんぴょん跳ねたり自己刺激に没頭するのか？

なぜコミュニケーションがとれず、言葉があるものでも会話が苦手なのか？

なぜ人を避けてしまうのか。自伝を書いて世界的に有名になったドナ・ウィリアムズは次のように書いている。「人に近寄られるのは好きではなかった。……触られるなど論外で、触られるとどんな触られ方であれ痛いし、とても恐かった」。彼らは人を求めていないわけではない。しかし知覚過敏性を抱えるため、怖いから避けてしまうのである。

なぜ目をそらすのか。テンプル・グランディンは次のように語っている。「人の目を見ると話が解らなくなってしまう。……自分は四五歳を過ぎて目がものを言うことを学んだ」

なぜ自己刺激に没頭するのか。ドナ・ウィリアムズは「まわり中が一定のリズムで動いていると幸福感がある」と述べ、テンプル・グランディンは「砂の一粒一粒が見飽きず面白い」と語っている。

なぜ会話ができないのか。次の言葉はドナ・ウィリアムズが日本に来たときの講演で話したことである。「自分はすべて一度に一つのことしかできないので、自分の語ったことすら自分に向かってもう一度言い直さなくては理解ができない」

自閉症の体験世界

自閉症の精神病理の基本は、対話の際に雑多な情報の中から目の前の人間が出す情報に自動的に注意が絞りこまれる機能がきちんと働かないこと、一度に処理できる情報が非常に限られていることの二点である。

これを認知の特徴という点で説明すると次の三つとなる。一つは情報の中の雑音の除去ができないことである。第二には、一般化や概念化という作業ができないことである。三番目は、認知対象との間に、事物、表象を問わず、認知における心理的距離が持てないことである。

普通の幼児は、すでに生後二ヵ月には人の出す情報と、機械音とを識別している。人は人が好きなのだ。我々の注意は強い選択性を持っていて、特に目の前にいる人の出す情報に注意が固定される。

ところが、自閉症の幼児は、このような対人的な情報への選択的注意という機能が十分に働いていない。その結果、お母さんの出す情報も、機械から出る雑音も同じように流れ込んでしまう。いわば情報の洪水の中で立ち往生している状態である。テンプル・グランディンは、自分の幼児期の耳は調整の効かないマイクロフォンのようだったと述べている。

このような不安定で、怖い世界から自分を守るために、自閉症の幼児がとる戦略は何かというと、自分で、一定の安定した刺激を作り出して感覚遮断を行うという方策である。幼児期の自閉症でよく見られる自己刺激への没頭に他ならない。一定のリズムでぴょんぴょんしたり、目の前で手のひらをひらひらさせたりして、彼らは言わば押し寄せる情報へのバリアーを作り出しているのである。

このような幼児期の混沌とした状態から、徐々に彼らは認知の焦点を合わせることが可能になる。しかし普通の子どもの認知が広く開かれたものであるのとは異なって、おそらくは意識的な焦点の絞り込みによって初めて成り立つために、自閉症の注意は、あるものに注意が向いているときには、他の情報が無視をされてしまうという強い過剰選択性を抱えやすい。

喩《たと》えれば、木を見て森を見ずということは、我々もしばしば体験することではあるが、自閉症の場合には、木を見ても、一枚一枚の葉が見えてしまう。あの葉は葉脈がきれいだ、あの葉は端っこが虫に食われている、あの葉は半分黄色くなっているなど、一枚一枚の葉が個別に識別されてしまうと、森どころか、木の全体像も見えているかどうか分からない状況となる。

このような世界の見え方は次のような喩えのほうが分かりやすいかもしれない。ロシアの街角を当《あ》て所《ど》なく歩いているとしよう。看板は全部ロシア語で書かれているから何も分からない。すると遠くに日本レストランの日本語で書かれた看板が見える。どんなに距離があっても、皆さんはそこに向かって突進をするのではないだろうか。混沌とした世界の中に、ある分かりやすいもの、たとえば換気扇が見えるとする。すると、デパートに行っても、スーパーに行っても、体育館の中でも、換気扇に向かって突進をする。これが世界が見えてきたばかりの自閉症の世界である。

自閉症の体験世界の特徴について、もう少し続ける。注意の障害があるために、知覚情報の雑音の除去ができないという困った問題が残る。この結果、大きな声が聞こえずに、小さな機械音（たとえばエアコンの音など）が強烈に聞こえるといった現象が生じることもある。

また自閉症的な認知の仕方では、我々が一般に行っている名付けや概念化に基づく慣れが生じないという傾向が生まれる。たとえば我々が目の前のコップに目を留めたとする。特に特徴のないコップであれば、「コップ」という概念で我々は目の前の物体をとらえ、瞬時にしてその認知に慣れが生じてしまう。ところが自閉症の場合には、そのコップを見たときに、どこに目を留めているのか解らない。コップの上に描かれている花の模様に目を留めているかもしれないし、場合によってはコップに映っている光に目を留めているかもしれない。このように言葉による概念化が働かないために、言葉を通して認知したものとの心理的な距離を取るという機能が働かない。コップに注意を留めたとき、自閉症者はいわば自分自身の一部がコップになるのである。

このような、認知対象との心理的距離がまったく取れない認知の仕方をしているため、いくつかの対象を同時に視野に入れて処理をすることや、さらに視点を変えるということが非常に難しくなる。見通しを立てるためには、心理的な距離が必要である。正常知能の者でも、見通しを立てることや終点から逆算してスケジュールを組み立てるといったことが、苦手というよりほとんどできない。このような一般化、概念化、そして見通しを立てる機能の障害は、自閉症の社会的な障害の中核に位置するものである。

自閉症のタイムスリップ現象

タイムスリップとは、自閉症児（者）が過去の出来事を突然に思い出して、あたかも先ほどのことのように扱う現象である。自閉症の場合、頻々と過去のフラッシュバックによる再体験が起きている。この時間距離は時として数年を越えることがある。

ある少年は、突然に数年前にいじめられたことを持ち出して、そのいじめた子に仕返しをしようとした。この程度であればまだしも、一五年以上を経て、幼児期に受けたスパルタ的な療育訓練のタイムスリップが頻発して、二〇歳を過ぎてからパニックの嵐に陥って治療が必要となった青年の例など枚挙にいとまがない。自閉症に対するあまりに強引な治療は、そのときには成果を上げたように見えていても、何年も経た後に強烈なタイムスリップ現象の頻発という形で副作用が吹き出すことがまれではない。

この現象は、特定の刺激が過去の不快場面の記憶を開けフラッシュバックが生じるという鍵構造へ発展する。ある自閉症青年は扇風機を見るだけでパニックを起こした。彼は擦過音に対する聴覚過敏性を抱えており、おそらくあるときに扇風機が彼の嫌いなカサカサという音を出したのではないかと考えられる。その後、扇風機を見ると、たとえその扇風機が不快音を出していなくともフラッシュバックが生じパニックになってしまうのである。

このように、知覚過敏性の問題は、当初は生理学的な問題であるが、タイムスリップ現象の存在によって、徐々に鍵刺激によって生じる心理的な問題に移行してゆく。自閉症者においては、現在と過去とがモザイク状に体験されているということがまれではない。ドナ・ウィリアムズの自伝を読むと、現在のことが語られ、それに続いて、関連する過去の出来事が語られ、再度現在のことに戻ってくる。これは、文学的な工夫ではなく、この現在と過去とのモザイクこそが自閉症体験世界の特徴の一つなのだ。

解離の使い分け

自閉症者は、しばしば他者から借りた人格を使い分けることがある。ドナ・ウィリアムズは仮面とこれを呼んでいる。また感覚過敏に対抗するために、成人になると解離を利用して、自ら感覚モードを意図的に切り替え不快刺激を遮断するといった、高等技術を使い分けている人が存在する。第七章で詳述するが、解離とは記憶や体験がバラバラになる現象をさす。

そこまで意識的でなくとも、不快な状況や退屈な状況において、意識を飛ばすという技術を持っている自閉症者はまれではない。自閉症の子どもが急にパニックがなくなった代わりに、指示の通りが悪くなり教育の成果が上がらなくなったというときには、解離によって意識を飛ばしている可能性を考えてみる必要がある。

自閉症の世界のごく一部を紹介してみた。我々の身近に、このような世界の中に生きている人たちがたくさんいるのである。

今や自閉症グループは一パーセントを超える罹病率を持つことが明らかになってきた。もっとも新しい広汎性発達障害の罹病率は二・一パーセントである。子どもを相手にする職業で、自閉症児に出会わないことなどないのである。相手の生きる世界を知らずに、その子どもに職業人として接するのは、専門家として失格である。自閉症児には、普通の児童の常識は通用しない。

自閉症的認知と自閉症の「認知の穴」

筆者は最近、非高機能、高機能グループともに、広汎性発達障害の児童青年が示す問題行動の大部分は、非常に狭い視野で周囲の世界を眺め、判断し、行動するところから生じる、誤学習の結果ではないかと考えるようになった。筆者はこれを「自閉症の認知の穴」

と呼んでいる。

　G君はある高機能自閉症の小学校五年生である。IQ130を誇るG君は、国語を含め大多数の課題で困難はなかったというが、一つだけこの学期にうまくいかなかった課題があったという。それは「クラスのお友達に手紙を書こう」という課題であった。G君の手紙は彼のお気に入りのまいこちゃんへの手紙になってしまうのだという。「クラスのお友達」というあいまいな対象の認識が困難であることから生じている問題ではないかと筆者は当初考え、そこでG君に聞いてみた。「君のクラスにいる人の名前をあげてごらん」。すると彼は考え込み「まいこちゃん」と言った。「それ以外の人の名前」。すると彼はなんと「分からない」と答えたのであった。なんと五年生になっていて、すでに一学期を一緒に暮らしていて、顔と名前が一致するのは「まいこちゃん」一人なのだ。そうすると「クラスのお友達への手紙」がまいこちゃんへの手紙になるのは当然である。

　夏休みにG君はクラスの友達の名前と顔を覚えるという宿題を筆者から出されて、始業式の写真を見て名前を当てる課題をこなし、二学期には「クラスのお友達への手紙」も書けるようになった。このようなものが「自閉症の認知の穴」である。

　もう一つ例をあげれば、学校の宿題で「遠足の作文を書きましょう」という課題を与えられてパニックになった。G君の言い分としては、遠足といってもどこが遠足なのだと言うのだ。学校に集まって、バスに乗って、バスの中でゲームがあり、目的地について、集会があって、そこで班ごとの活動や観察があり、お弁当を食べて、午後もさらに活動と遊びがあり、またバスに乗って、ゲームをして帰ってきた。どこを書けば良いのだと言う。「どこがいちばん楽しかったの?」と尋ねると「バスに乗ったこと」と答えるので、「では、バスに乗ったことを作文にしたら」と提案すると、難なく「遠足」の作文を書くことができた。特に高機能自閉症の方と接していると、本当にこのような体験が多い。

世界を代表する高機能自閉症者にして動物学者、さらに牧場の設計者であるテンプル・グランディンは、わが国での講演で、次のようなエピソードを紹介していた。

彼女は犬がなぜ犬なのか、あるとき不思議に思ったという。犬といってもセントバーナード犬のように巨大な犬もいれば、チワワのように小型の犬もいる。毛の長いものも、毛の短いものも、ヘアレスドッグまでいる。さらにシェパードのように鼻の長いものもあればシーズーのように鼻の短いものもいる。なぜこれらが犬という共通の言葉で言われるのか。彼女のとった戦略はすべての犬の写真を丹念に見ることであった。その結果、グランディンは犬に共通項があることを見いだしたという。それは犬の鼻の穴の形であった。そこはすべての犬に共通していたのである!

このエピソードには自閉症者の認知の特徴がとてもよく現れている。大まかであいまいな認知がとても苦手で、細かなところに焦点が当たってしまい、われわれがついぞ見えないところに、深い認知が生まれるのである。

異文化としての自閉症

テンプル・グランディンは牧場の設計者として成功をした人である。彼女は、自らを「視覚で考える人」と呼んでいる。抽象的な概念はすべて視覚的なイメージに転換しなくては理解ができないのであると言う。逆に、視覚的なイメージであれば、さまざまな操作も可能であるようだ。また彼女は、牛や馬の感情は、人間よりもはるかに単純で分かりやすいと言う。人間の感情も単純なものは分かるが、たとえば「可愛さ余って憎さ百倍」などといった複雑な感情になると自分は完全にお手上げで、まるで「火星人の人類学者」のようだと述べている。

この、「視覚で考える」という特性を活かして、彼女は牧場の設計者となった。牛や馬の視点に立って、さまざまな角度から実際に見ながら、牧場の設計をするのであるから、それが優れたものにならないはずはない。全米の大規模な牧場の約半数は、彼女の設計によるものという。

自閉症に長年にわたり取り組んできて、自閉症とはある種の異文化であると実感する。

しかし筆者としてはもう一つ強調したいことがある。これは誰も指摘していないことであるが、丹念に自閉症者の自伝を読めば、その認知の特異性にもかかわらず、感情の持ち方は健常者と同じであることに気づく。基本的な感情は同一である。人に褒められれば嬉しいし、叱られれば悲しい。ゲームに勝てば嬉しい、負ければ悔しい。「火星人の人類学者」に自らを喩えるグランディンにしても、それからドナ・ウィリアムズにしても、心の動きに関しては、取り込み、昇華、合理化などいわゆる防衛機制など普通の心理学できちんと説明ができる。つまり彼らは、異文化ではあっても異星人ではないということである。自閉症者が自らを異星人に喩えることは少なくないが、それは誤解であると言っておこう。

自閉症児の発達の道筋

非高機能、高機能を問わず広汎性発達障害に共通の対人関係の発達について触れておきたいが、その前に、自閉症の対人関係の持ち方によるタイプについて解説を加える必要がある。同じ自閉症という診断でも、ずいぶん様子が異なる。少しでもその特徴に沿った対応が出来るようにという目的によって筆者は、対人関係で自閉症を孤立型、受動型、積極奇異型の三つに分けている。これもオリジナルは三症状の言い出しっぺであるウィングである。

孤立型の自閉症とは、人との関わりを避けてしまうタイプの自閉症である。先に触れた知覚過敏が強くあり、また比較的重度の知的障害を伴っているものが多い。受動型とは、受け身であれば人と関わることが出来るタイプの自閉症である。知的障害を持つものも持たないものもいる。一般に、早期療育を行うと孤立型であった子どもも、徐々に受動型にタイプが変わっていくのが認められる。実は知的障害が若干あるくらいの受動型の自閉症は、一番よく仕事が出来るタイプでもあるのだ。積極奇異型とは人に積極的に、しかし奇異なやり方で接する自閉症である。知的な障害は軽い者が多いが、マイペースで、基盤に注意の障害を持っていて、多動であることが大きな特徴である。このグループも、小学校高学年になると多動が治まってきて、人との関わりが進んでくると徐々に受動型に近いタイプに変化していく。

自閉症グループの幼児は、知覚過敏性などの問題に妨げられて愛着の形成が著しく遅れる。特に孤立型と積極奇異型である。積極奇異型の高機能児であっても本格的な愛着の形成が小学校年代に入ってからという児童は少なくない。したがって、小学校年代においてはきちんと子どもの甘えを両親に受け入れてもらうことがとても大事な課題となる。一般に四歳前後までの幼児期が最も大変で、五歳ごろにコミュニケーションが目覚ましく伸びる時期があり、小学校では指示の通りも良くなり、状況理解も向上し、問題行動も軽減し、黄金時代となる。小学校高学年は一生の間でも一番良く伸びる時期となる。この五歳代と一〇歳から一二歳という二つの時期はコミュニケーション能力が飛躍的に向上する時期となることが多く、対人関係においてもまた成長が認められる。

青年期はかつてパニックの頻発が問題となっていたが、そのような児童が著しく減った今日から振り返ってみると、自閉症の認知特性を無視した強引な指導によって、青年期を迎えた自閉症者が二次的に大混乱をおこしていただけということが明らかである。性的行動や、興奮しやすいといった問題が生じやすい時期ではあるが、今日において青年期は、小学校高学年に次ぐ、よく発達をする時期となっているのが普通である。

自閉症への治療教育

さて、発達障害の治療教育については、後にまとめて述べるが、自閉症への対応のコツについて、ここで触れておきたい。先に自閉症の認知特徴を三つに絞って述べた。第一に、情報の中の雑音の除去ができないこと。第二に、一般化や概念化という作業ができないこと。第三に、認知対象との間に、事物、表象を問わず、認知における心理的距離が持てないことである。このそれぞれに対して工夫をすることが治療教育のコツとなる。

まず第一の問題であるが、この対応のための工夫が、できるだけ情報を減らし、特に同時に二つの情報を出さないことであり、一般にこれを構造化と呼ぶ。とりわけ知的障害を伴った自閉症の場合、情報の雑音の除去がきわめて困難で、雑多な情報があふれるところではしばしば立ち往生してしまう。教室のような比較的構造がしっかりとした場所でも、同時に二つの情報を出されると一つは無視されてしまう。たとえば、手を握りながら話しかければ、握られた手の知覚入力だけであふれてしまい、言われたことはまったく入らなくなるといった現象である。そのために一度に複数の情報を提示しないことが求められる。言うときは言うだけ、見せるときは見せるだけ、触れるときは触れるだけ。

付言すれば小学校低学年までのまだ生理的な不安定さを持つ重度の自閉症の子どもには、みだりに触らないほうが無難である。これに関連し、特に過敏性に対する配慮が常に必要とされる。高機能者グランディンによれば、印刷物にしても白紙に黒いインクではコントラストが強すぎて著しく読みにくいのであるという。これが紙に薄い青なりピンクなり色がのっている場合には、はるかに読みやすくなるという。また一部の児童は蛍光灯の微細な点滅を非常に嫌うこともある。ちょうどディスコの中に居るように感じられるのだという。

このような問題の上に、第二の認知の特性が重なる。自閉症児の場合、何度も体験したからといって徐々に慣れてくるということが期待できないところがある。また一般化ができないこともあって、変化に対しては常に強い抵抗が生じる。要するに混乱してしまうのである。この点に関しては、特に知的障害を伴った自閉症においては、ある程度のこだわりの尊重と活用が現実的である。予定を変更せず、どうしても変更が必要なときには必ず予告を行うようにする。

さらに第三の問題は、見通しを立てることの困難につながる。知的に高いグループにおいてもきわめて苦手な、予測に基づく行動修正や予定の変更などの困難を克服する方法がある。現在広く用いられるようになったのは、スケジュールカードなどによって、見通しの立てにくさをカバーし、行うことを直線上に並べるという対応方法である。

このように見ると、特に小学校低学年において、広汎性発達障害への教育は個別教育が基本であり、基本を固めた後に初めて集団への参加を行うということがやはり好ましいのではないだろうか。早期療育を受けてきて集団での活動をすでに獲得した児童の場合には、必ずしもこの原則どおりではないが、高機能児でも集団参加が非常に難しい事例がけっして少なくない。

わが国の学校教育は行事が多すぎる。準備なしに行事に駆り立てることは、児童を混乱させるだけである。さらに通常教育、特別支援教育を問わず担任が毎年変わる状況では、自閉症グループの児童への十全な教育は不可能であろう。児童と教師との擦りあわせが可能となるのは一一月を過ぎたあたりであり、三学期になるとやっと相互に信頼が取れた活動が可能となるが、また新学年に大混乱となるのである。

自閉症グループの発達障害は、社会的な行動を一つ一つ積み上げることが適応を向上させる唯一の道である。したがって、他の発達障害と同様、彼らへのもっとも誤った対応はといえば放置に他ならない。

第五章　アスペルガー問題

アスペルガー症候群の再発見

わが国において、児童をめぐるさまざまな領域で、高機能広汎性発達障害、つまり知的な障害を持たない自閉症グループをめぐる問題は、今日大きな論議をもたらしている。あえて分けて一章を振るゆえんである。われわれはこれをアスペルガー問題と呼んでいる。この章では「アスペルガー問題」をできるだけ簡略にまとめ、筆者なりの分析と処方箋を示してみたい。

アスペルガー症候群の呼称は、ハンス・アスペルガーというウィーンの小児科医に由来する。レオ・カナーが自閉症の最初の報告をした翌年一九四四年にアスペルガーは「自閉性精神病質」の報告を行い、偶然にも同じ自閉という用語を用いて、カナーの報告と非常に類似した一群の児童を記述した。当時、ヨーロッパの大都市においては例外なく市街戦が行われた第二次大戦の末期であることを考えると、この論文が書かれたのは奇跡である。

しかしアスペルガーの報告は、わが国とヨーロッパの一部を除き、自閉症ほどに大きな反響はなく、その概念も広まらなかった。カナーの業績のほうが広く受け入れられたのは、戦勝国アメリカからの報告だからとする見解もあるが、何よりもカナーの自閉症の臨床症状の生き生きとした記述によるところが大きいのであろう。

だがアスペルガーは、けっして不遇の人ではない。母校ウィーン大学医学部で小児科学教授として二〇年間を務め、障害児を中心とした活発な臨床および研究活動を続けた。またその間に、名著として知られる『治療教育学』を刊行した。アスペルガーが亡くなったのは一九八〇年である。

アスペルガーは何を見ていたのであろうか。アスペルガーの論文には詳細な四つの症例の記載があるが、これらの症例をDSM-IVで診断を行うと自閉症になることは以前より指摘されていた。

詳細な検討を行うことは避けるが、カナーが自閉症の背後に児童の統合失調症を、少なくとも一時期は見ていたことは疑いないものと考えられるのに対し、アスペルガーは性格の極端な偏りの一つであるスキゾイド（分裂気質）の一類型を見ていたと考えられる。彼の論文は難解な性格論から始まるのである。また彼はこの子どもたちの特異な衒奇的言語に注目し、その特異な才能にも注目をした。言い換えると、初めて自閉症グループの発達障害のプラスの側面に注目した人でもある。

一九八一年、自閉症の三症状の提唱者である自閉症研究者ローナ・ウィングは、「アスペルガー症候群、臨床的記述」という論文を書き、アスペルガーの名前を再び蘇らせた。

ウィングは自閉症の調査の過程で、自閉症の診断基準を部分的に満たす児童が多数存在すること、またそれらの特徴がアスペルガーの記載した内容に一致することに気づいたのである。この論文は大きな反響を呼んだ。この時期にすでに、自閉症は単一の病気というよりも一群の症候群であることが明らかとなっていたからである。ウィングの報告から一〇年を経た一九九〇年代になると、アスペルガー症候群は国際的診断基準に相次いで登場するようになった。

アスペルガー症候群と高機能広汎性発達障害

今日国際的に用いられている診断基準によれば、アスペルガー症候群は、自閉症の三症状である、社会性の障害と、コミュニケーションの障害と、想像力の障害およびそれに基づく行動の障害のうち、コミュニケーションの障害の部分が軽微なグループである。言語発達の遅れは少なく、知的には正常であるものが多い。しかし自閉症と同質の社会性の障害を生まれつき持ち、また興味の著しい偏りやファンタジーへの没頭があり、時には儀式行為を持つものもある。また非常に不器用な者が多いことも特徴の一つとされる。

しかし、発達障害は加齢によって、また療育によって大きく変化する。外来で子どもたちをフォローアップしていくと、三歳代で自閉症の診断基準を完全に満たし、その後言葉が伸びて六歳時点では自閉症の基準は満たさなくなりアスペルガー症候群の基準を満たすようになるという児童はまれではない。

筆者はこれまで、幼児期から追跡を行ってきた児童に関して、自閉症とアスペルガー症候群との間に差があるのか否かについてさまざまな検討を行ってきたが、結論的には両者に決定的な差は認められなかった。自閉症ファミリーか否か、知的な遅れがあるか否かに関しては大きな差となるが、知的な遅れのない広汎性発達障害においては、少なくとも幼児期からフォローアップを行ってきた児童青年は、自閉症かアスペルガー症候群かの明確な違いは認められない。

このためわれわれは、細かな診断名にこだわるよりも、知的な遅れのない広汎性発達障害として一括して扱うほうが実用的と考えてきた。診断を行う目的は治療を組むためであり、質的に差がないのであれば、あえて分けて扱う必要はないからである。カナーにより知的な遅れのない自閉症は高機能自閉症と呼ばれてきたので、この呼称を援用し、知的な遅れのない広汎性発達障害を高機能広汎性発達障害と呼んでいる。こういった理由からわれわれは、アスペルガー症候群と高機能広汎性発達障害は、特に区別を行わずほぼ同義語として用いてきた。

少し専門的な議論になるが、高機能広汎性発達障害の中には、高機能自閉症（つまり知的な遅れのない自閉症)、アスペルガー症候群、高機能(知的な遅れのない)非定型自閉症の三者が含まれる。非定型自閉症とは自閉症ファミリーであることは確実であるが、診断基準を満たさないものの総称である。

実は非定型自閉症には、二つの場合が混在する。一つは幼児や学童で、明らかに自閉症と同じような社会的な苦手さを持っているが、診断基準を満たさない軽症の場合、もう一つは、すでに成人になってしまって、診断基準の根拠となる幼児期に特徴的な症状がプラスであったかマイナスであったか、今となっては分からなくなってしまった場合。もっとも後者であっても、わが国は世界に冠たる乳幼児健診システムをすでに一九七〇年代から構築してきており、過去において明らかに自閉症であった者が見逃される可能性は多くはなく、また成人年齢まで発達障害の診断を受けていないことは、適応障害が比較的軽かったことに他ならず、軽症例であることは疑いない。従来、比較的適応の良いグループを自閉症と診断しなかったことを考えると、アスペルガー症候群の登場は、自閉症グループの発達障害の地平を拡げる上で画期的な意味があったと考えられるのである。

広汎性発達障害の罹病率

さて高機能広汎性発達障害が予想以上に多いことは、一九九〇年代になるとさまざまな地域から報告がなされるようになった。わが国においては、二〇〇二年に行われた文部科学省による全国五ヵ所のスポットを用いた調査によって、通常学級に在籍し、知的障害がなく、著しいこだわりや対人関係の問題を持つ小中学生の割合は〇・八パーセントに上ることが報告された。また二〇〇二年に報告された豊田市こども発達センターの調査では、知的障害のあるものまで含めた広汎性発達障害は一・七パーセントで、そのうち、高機能グループは一・一パーセントであった。未発表資料であるが、「アスペ・エルデの会」が二〇〇三年に実施した、愛知県大府《おおぶ》市の全小学校生徒の調査では、知的障害を持つ児童の除外を行っていないが、通常学級の中に著しいこだわりもしくは対人関係の問題を持つ児童は一・八パーセント認められた。さらに二〇〇六年、名古屋市における調査では、知的障害まで含めた広汎性発達障害は二・一パーセントと報告された。うち、高機能グループは一・五パーセントであった。この一〜二パーセントという数字は、筆者の臨床的な実感にもっともよく当てはまる数値である。

今日、学校教師に尋ねると、どのクラスにも少なくとも一人は高機能広汎性発達障害が疑われる児童が在籍するという返事が返ってくる。このように頻度の高い、一般的な問題となっているのである。

脱線であるが、自閉症グループは増えつつあるのであろうか。これらの報告を総合する限り、診断基準の変化による増加だけで済まされないことは明らかであろう。第二章に述べたことを思い起こしてほしい。自閉症グループのように、遺伝的な関与がはっきりしている発達障害でも増えるということは十分に起こりうるのである。

わが国を覆うアスペルガー問題

アスペルガーの報告から六十余年、ウィングの報告から四半世紀を経て、わが国は現在、アスペルガー症候群を巡る問題があちこちに吹き出している。

アスペルガー症候群がわが国で知られるようになった契機が、その診断が付された青年による殺人事件（豊川事件）であったことは不幸な巡り合わせであった。当初筆者は、これは偶然の出来事であり、アスペルガー症候群が犯罪に結びつくわけではないと主張してきた。

ところが、その後も毎年のように同様の事件が続く。二〇〇一年にはレッサーパンダの特異な帽子をかぶった青年による女子大学生の通り魔殺人事件が生じた。さらに二〇〇三年には長崎市における少年による幼児殺人事件、翌年には佐世保における同級生女児殺人事件、同年には石狩市ではいじめの加害者に仕返しを思いつき、たまたま玄関に出たその母親を殺してしまったという主婦殺人事件と続き、さらに二〇〇五年の寝屋川市で起きた中学校教師殺傷事件においても、加害少年が高機能広汎性発達障害という鑑定結果が報道された。リストは続く。母親にタリウムを飲ませて殺害しようとした伊豆の国市の少女の事件、塾の講師が教え子を殺してしまったという京都の事件、父親の叱責が恐ろしくて自宅に放火し、家族を死なせてしまった奈良の事件……。

こうしてみると近年社会問題となった青少年による重大犯罪が、数多くアスペルガー症候群およびその類縁の発達障害と診断を受けた少年により引き起こされていることに改めて驚かされる。もちろん少年による重大犯罪は他にも多く生じているのであるが、一連の事件においてその突出した不可解さが大きな波紋を呼ぶのであろう。

矯正の場では近年になって、高機能広汎性発達障害と診断を受けた少年による非行は少なからず生じており、従来の対応では処遇が困難であるという指摘が、他ならぬ司法サイドから指摘されてきた。アスペルガー症候群は犯罪に結びつきやすいのであろうか。これは重大な問題であるので、後に具体的な資料を呈示しよう。

ADHDとの誤診

教育の現場では特に通常学級において、アスペルガー症候群および高機能広汎性発達障害の生徒への対応は大問題となっている。高機能広汎性発達障害児童への対応について講演会が開かれると、聴衆の多くが通常学級教師によって占められ、現在進行形の切実な事例の相談が途切れることなく続く。

わが国の学校教育がこの問題の存在に気づいたのは二一世紀に入ってからである。通常学級に個別な対応が必要な児童が数多く存在することは一九九〇年代から話題になっていた。ボタンの掛け違いは、この中で最初に行われた取り組みが、学習障害という視点から始まったことであった。次章で改めて述べるが、数年の取り組みを経た後、文部科学省によりまとめられた学習障害の定義は、医学的な学習障害の定義に比べ著しく広範な、知的な遅れのない発達障害のすべてと言ってよいものとなった。すでに当時から通常学級の教師を著しく困らせている大半の「学習障害児」が、学習自体の問題は著しくなく、むしろ行動の問題を多発させている児童であることは指摘されていた。この時点で学級崩壊が社会現象として生じた。

その元凶の一つとして注意欠陥多動性障害（ADHD）が注目されたが、ほどなく学校教育サイドはこれが誤診であったことに気づくようになった。あまりに対応に困る多動児は、基盤に社会性の障害を抱えている（つまり高機能広汎性発達障害である）ことが多い。事実、地域の小児科医によって注意欠陥多動性障害と診断を受け治療を受けたが改善せず、われわれの小児センターを紹介されて受診した多動児のじつに八割までが高機能広汎性発達障害であった。一般的な注意欠陥多動性障害であれば小児科において十分対応が可能であり、難治例においては、広汎性発達障害の割合が高くなると考えられる。

学校との関連でもう一つ資料を呈示すると、あいち小児センター心療科の不登校外来を受診した生徒の約五割にはなんらかの発達障害が認められ、その八割（つまり全体の四割）は高機能広汎性発達障害と診断をされた。この数字の意味は、従来の一般的な不登校は教育サイドである程度対応が可能となっており、そのような対応で進展がなく専門医療機関まで紹介をされる事例において、高機能広汎性発達障害と診断される児童の割合が高くなるということである。

学校におけるこのような混乱の一端は、わが国の学校教育が特別支援教育を軽視してきたことにあるが、この問題は第九章にまとめて扱おう。一つだけ不登校との関連で取り上げておくと、子どもの心の問題に対応する専門家として登場したスクールカウンセラーの大半は、当初、発達障害の知識も経験も欠落していて役に立たなかった。広汎性発達障害グループの不登校に対しては、登校刺激を行わないという一般的な対応は完全な誤りである。今や学校カウンセラーが機能するか否かは、発達障害への知識と経験を持ち、彼らへの対応ができるか否かによって決まるとまで言われるようになった。

さらにアスペルガー症候群は、医療および福祉の現場において、大きな論議を引き起こしている。従来の乳幼児健診では言葉の遅れや歩行の遅れなどを指標にチェックを行ってきたため、高機能広汎性発達障害幼児はスクリーニングをすり抜けてしまう。乳幼児健診の方法の見直しが必要な理由は、幼児期早期から療育を行うという目的だけではない。後述するように、高機能広汎性発達障害は、子ども虐待を招く可能性が高いのである。乳幼児健診でこのグループをきちんと把握しようとしたら、対人関係の発達に注目をしない限り困難である。高機能児といえども、発達障害というハンディキャップを抱えた児童である以上、早期に見いだされ早期から親子でハンディキャップに向かい合ったほうが後年の適応が良いことは言うまでもない。さらに乳幼児健診においてこのグループの児童をチェックすることは、子ども虐待の防止という観点からも重要である。

児童精神科領域のトピックスとしては、従来、情緒障害と考えられていたグループに関して、特に重症の症例において基盤に高機能広汎性発達障害を持つ児童が存在することが明らかとなってきた。それらは、先に述べた不登校をはじめ、やせ症、強迫性障害、解離性障害、うつ病など広範囲に及ぶ。むしろ難治性の事例においては積極的に基盤に広汎性発達障害があるのではないかと疑ってみることが必要という状況である。

診断が遅れると

さらに就労の問題である。これまでの臨床研究からは、自閉症グループの発達障害において、知的な能力と安定就労とは必ずしも一致しないこと、時として知的な能力が低いほうが仕事を続けやすい可能性があることも指摘されてきた。この理由を圧縮すると二点になる。

第一は対人関係のストレスである。学校教育における彼らの適応形態は孤立である。ところが就労と同時に健常者として仕事についた彼らは多彩な人間関係を要求されるのである。

第二は就労の能力そのものの問題である。広汎性発達障害におけるもっとも基本的な障害の一つは一般化の困難さである。たとえ大学を出ていても、練習をした経験のないことは著しく苦手であり応用ができない。特にいくつかの仕事を並行して行うといった実行機能に著しい障害を持つ者が知的に高い場合においても多く、電話を聞きながらメモを取ることができないなど、就労の上で大きな支障となってしまう。

さらに大きな問題となりつつあるのは、成人になって初めて診断を受けた者への処遇である。これまでの精神医学、あるいは臨床心理学は、成人はおろか青年期の患者においても、幼児期の状況を丹念に辿る習慣を持たなかった。今日、非定型的な症例と考えられ治療を受けてきた相当数の難治例に、発達障害という視点で見直してみると、幼児期からさまざまな発達の問題があることに、成人を主に治療を行ってきた多くの医師が気づくようになった。

この問題は、おそらく精神医学における診断学体系の見直しまで拡がる可能性がある。それにしても、当面彼らにどのように対応すればよいのか良い答えがない。統合失調症への対応と同様の処遇のみでは無理があり、しかし児童精神科医は押し寄せる幼児期から青年期の患者への対応で手一杯で、成人期の患者への対応をする余裕がない状況にある。おそらく、独自のグループを作っていくことが必要なのであろう。しかし診断が遅れたグループにおいては二次的な障害も強く、被害的な傾向や孤立、非社会的傾向、攻撃的な傾向などを抱える者も少なくなく、対応には大きなエネルギーを要する。

このように、アスペルガー症候群および高機能広汎性発達障害を巡って今日わが国において惹起《じゃっき》されたさまざまなテーマは、多くの領域にまたがっている。

高機能広汎性発達障害のそだち

高機能広汎性発達障害のそだちを追ってみよう。幼児期の行動は、自閉症と大きな変わりはない。視線の合いにくさや、分離不安の欠如を示す子どもが多い。

自閉症に比較すると、アスペルガー症候群の児童は、弱い愛着のレベル（母親に置いていかれるのは嫌がり後追いをするが、自分は平気で母親から不安なく離れてしまう）であれば比較的早く三歳以前に成立している者が多い。しかし本来の強い愛着レベルに到達するのは高機能グループにおいても著しく遅れ、小学校年代後半にやっと成立する場合がむしろ一般的である。

幼児教育の開始と同時に、集団行動が著しく不得手なことが目立つようになる。保育士の指示に従わず、集団で動くことができず、自己の興味にのみ没頭する。著しく興味を示す対象は、数字、文字、標識、自動車の種類、電車の種類、時刻表、バス路線図、世界の天気予報、世界地図、国旗など、いわゆるカタログ的な知識が多い。ことばの遅れがなくとも、会話での双方向のやりとりは著しく不得手である者が多い。また、過敏性を抱える者も多く、特定の音刺激（ハイピッチの音、擦過音、突発的な破裂音など）や接触を嫌うことがある。

ここで注意が必要なのは、先述のように過敏性の中に生きている者にとっては、それが当たり前であるので、知覚過敏性の存在は、周囲から指摘をされない限り気づかないということである。不適応の一端に知覚過敏性が潜んでいないか、その目で確認をして初めて気づくことはまれではない。先に指摘したように高機能広汎性発達障害は虐待されるリスクが高い。その理由としては知的遅れがないためハンディキャップの存在に気づかれにくいこと、愛着の形成が遅れ、患児の示す非社会的行動に対して躾の悪い子という誤解を招きやすいことが挙げられる。これらはいずれも虐待の危険性を高めることとなるが、子ども虐待は、後述する迫害体験の最たるもののひとつである。

保育園では、集団行動の枠が比較的緩やかなため、大きなトラブルになることは少ない。しかし小学校に入学すると集団行動がとれないことが大きな支障となる。教師の指示に従わず、興味のある授業にのみ参加し、それ以外は参加しないという場合もある。また、ことばは達者で難しい語彙を用いるが、表面的な使用が多く、また比喩や冗談の理解が著しく困難である。文脈から理解することが困難で、人の気持ちを読むことや、人の気持ちに合わせて行動することができない。この集団行動の障害もあって、高機能広汎性発達障害の児童は激しいいじめの標的となることが多い。われわれの調査ではじつに八割が深刻ないじめを受けていた。小学校低学年では、いじめを受けていても無関心な者が少なくないが、小学校高学年になると、むしろ過度な反応を示すようになる。

また学童期に至ると、多くの児童はファンタジーへの没頭を抱えるようになる。没頭している興味の対象であったり、好きなアニメのキャラクターであったり、ビデオの一場面であったりするが、一人で何役も演じ、ぶつぶつとひとり言を繰り返すこともある。このファンタジーへの没頭は通常、小学校高学年から中学生年齢まで続き、幻覚・妄想があるかのように誤診される場合もある。

人の考えがわからない

小学校高学年になると、社会的なルールに従えないというトラブルは激減する。しかし同時に周囲を気にするようになり、それまでの無関心な態度から一転して、被害妄想と言えるほど、ささいな働きかけに対して、いじめられたと大騒ぎをする例が少なくない。大多数では、しばらく時間をおいてトラブルが激減するが、一部の症例では著しく被害的な状況が続き、ささいなことでパニックを頻発させるなど、むしろ不適応状態がエスカレートしてしまう。

この現象を理解するためには、「心の理論」の解説が必要である。心の理論とは、他の人の信念とか考えとかを把握する認知能力のことである。この他の人の信念と、事実とはしばしば異なっている。自閉症グループの児童、青年は圧倒的に事実に引きずられてしまって、信念の把握が不十分になるのである。

これは次のようなテストでわかる。はじめに子どもにチョコレートの箱を見せる。あけてみると、中には鉛筆が入っている。もう一度、鉛筆を箱の中に入れて、そこで別の人H君が登場する。子どもに「今来たH君は、箱の中に何が入っていると考えると思う？」と尋ねるのである。もちろん正解はチョコレートであり、健常児は四〜五歳ごろにはこの課題を通過してしまうが、これに自閉症グループの青年は正常知能の者であっても特異的に失敗するのである。

高機能広汎性発達障害では言語発達年齢が九〜一〇歳において、この単純な心の理論課題を通過することが明らかになっている。つまり健常児に比べて四〜五年遅れるのである。この時点で、アスペルガー症候群および高機能広汎性発達障害の児童は他者の考えが読めるようになってくる。しかし健常児とは脳の異なる部分を用い、異なる戦略を用いて「心の理論」課題を遂行していることが確かめられている。われわれが直感的に速やかに他者の心理を読むのとは異なって、自閉症グループの児童、青年は推論を重ねながら苦労して読んでいるようなのである。

ここで、いじめ体験が重要な要素となる。心の理論通過に前後して激しいいじめを受けてきた広汎性発達障害の子どもたちは、迫害体験があるために、対人関係のありかたを被害的に読み誤ることを繰り返すようになるのである。さらに追想的に迫害状況のフラッシュバックが生じ、むしろ現実的にはいじめが軽減した後に、著しい対人的不適応を引きずることとなる。タイムスリップのところで述べたが、一度このフラッシュバックが生じると、なかなかそれを軽減させることは困難なのだ。

小学校高学年の節目を過ぎた後、いじめからの保護がそれまでに可能であれば、多くの子どもたちは社会的役割を守り、演じることがしだいに可能となり、孤立はしていても、大きなトラブルはなく学校生活を過ごすようになる。しかし不適応が続くグループでは、後述するさまざまな精神科的併発症を生じる症例も少なくない。

さらに青年期にさしかかったときに、同一性障害を呈することもよく認められる。心の理論の通過後、彼らは、自己がどこか周りとは違うと気づくようになる。しかし他者の目をもたないがために、どこが問題なのか分からない。性同一性障害へと発展することもまれではなく、男の子が女になりたい、逆に女の子が男になりたいと言う。

この問題の解決のためには、彼ら自身への診断告知を行わなくてはならない。彼らに納得できることばで、彼らが抱える問題の中心が何であるのかを告げ、診断を告げ、問題への対応法を具体的に提示する。

筆者は二段階の障害告知を行っている。第一段階は、心の理論を通過し、周囲を気にするようになり始めた小学校高学年、第二段階は、高校入学時点である。高校に入学する時期になると、自分の判断で動き出すことが増え、一挙に世界が拡がるので、この時期にもう少し詳しい障害告知を行うことは青年期の適応を向上させるために意味があると考えている。筆者の経験では、ここできちんと障害告知を行った場合には、その後の適応状況が一段良くなる子どもたちが多い。

さまざまな併発症

先に触れたように、高機能広汎性発達障害にはさまざまな併発症が認められる。筆者により診断され継続的なフォローアップを受けている高機能広汎性発達障害者の資料で、実態を見てみよう。対象は四六六名の高機能広汎性発達障害である。年齢は三歳から五〇歳、男性三六〇人、女性一〇六人である。

	人数	%
不登校	56	12.0
統合失調症様病態	11	2.4
解離性障害	34	7.3
気分障害	69	14.8
強迫性障害	20	4.3
行為障害、犯罪	23	4.9

表3　高機能広汎性発達障害に認められる併発症（調査人数466人）

表3は四六六名の併発症に関する結果である。もっとも多い併発症はうつ病（気分障害）である。やや専門的な議論になるが、気分障害は年齢があがるにつれ増加傾向が認められ、一八歳以上では七五名中じつに三八名（五一パーセント）と過半数に認められた。実は、広汎性発達障害の診断ではない広汎性発達障害の家族、たとえば父親や母親などにも、うつ病はとても多い。最近の研究ではこれには内的な関連があるのではないかという指摘がなされるようになった。要するに、両者ともセロトニン系という神経経路の機能不全が関係していることが明らかになってきたからで

ある。

不登校はほぼ一割に認められた。不登校五六名中五〇名（八九パーセント）までが、受診のきっかけは不登校であった。つまり高機能広汎性発達障害の診断でフォローアップしていた児童が不登校を生じたという例は非常に少なく、不登校を主訴にして受診した児童、青年が実は高機能広汎性発達障害であったという場合が圧倒的に多かった。幼児期に診断を受けた者は九名（一六パーセント）のみ（この中には不登園の児童も存在する）で、一三名（四一パーセント）は中学生以上になって初めて発達障害の診断を受けていた。さらに困るのは、三一名（五五パーセント）は最初の専門家への相談において広汎性発達障害の存在に気づかれていなかったことである。不登校に関しては、特に長期化するグループの中に、高機能広汎性発達障害が少なからず存在する。スクールカウンセラーにもこの事実は徐々に知られるようになってきたが、この結果を見るといまだに不十分であると言わざるをえない。高機能広汎性発達障害に認められる不登校は、対応を誤ればその一部が「ひきこもり」の高リスク要因となる。より適切な対応を早期から組むための啓発が必要であろう。

解離性障害は三四名に見られた。つまり比較的多い合併症であることが分かる。解離については第七章で詳述するが、解離性障害は子ども虐待の後遺症として生じやすいことが知られている。高機能広汎性発達障害に見られた解離性障害の事例の中で子ども虐待が絡むものは二〇名（五九パーセント）であった。一般の解離性障害では八割以上が子ども虐待が絡んでいるので、過半数ではあるがそれでも比較すると子ども虐待のない症例が相対的に多いことが特徴である。しかし面接でチェックを行ったわけではないので、実際には解離を持つ児童は実はもっと多いのではないかと思う。

強迫性障害は二〇名に認められた。この中で、一一名（五五パーセント）はうつ病も併発をしていた。このうち四名は継続的な企業就労など、社会的適応が良い者に認められており、必ずしも適応障害の著しいグループではない。われわれの行った臨床研究で示されたのは、高機能広汎性発達障害に認められる強迫性障害はどうやら二つの類型に分けることが可能と考えられることである。

一つは小学校高学年年齢に併発症として生じる強迫性障害で、多くの場合、周囲の家族への巻き込みが生じ、身辺の自立や生活習慣の遂行、集団教育への参加といったレベルの侵害までの著しい不適応を生じるグループである。

もう一つは、青年期、成人期に認められ、もともと不安が高い、しかし社会的な適応はけっして不良ではないグループにおいて、社会的な適応を図るべく努力するあまり、未来への不安をすべて解決しようとして生じる強迫である。

前者に関しては入院治療を含む、強力な患者本人への治療と家族への介入が必要であり、後者に関しては継続的な患者への精神療法が必要とされる。

統合失調症様病態としているのは、DSM-Ⅳという診断基準を用いて統合失調症の診断基準を満たす児童、青年である。しかしここで妙な書き方をしているのは、診断基準を満たすものの、その中で実際に統合失調症と考えられるものは四名だけであり、それ以外は、タイムスリップが幻聴になっているものなど、臨床的な経過からは自閉症グループの発達障害に認められる症状の延長線上に生じたもので、統合失調症とは異なる病理と判断されたからである。それにしても、ごくごく少数ではあるが、統合失調症に横滑りしたと考えざるを得ない事例も確かに存在するのである。

犯罪歴

なんらかの触法行為は二三名と全体の四・九パーセントに認められた。ここでまず強調をしたいのは、専門医療機関を受診するに到った比較的重症の症例においても、九五パーセント以上は触法行為とは無関係であるという事実である。煩雑な詳細は省くが、このグループに関して触法行為を行っていない普通の（？）高機能広汎性発達障害と比較検討を行った結果、抽出されたのは次の三点である。

第一に、診断の遅れと治療の遅れである（幼児期に診断を受けたものでは触法行為グループ一七パーセントだが、非触法行為グループでは六八パーセント）。第二に、第一の問題に直結する迫害体験の存在である。迫害体験は二種類あって、いじめだけではなく子ども虐待も大きく関係するらしいことが示された（触法行為グループは三五パーセントが子ども虐待、九一パーセントは学校での激しいいじめの被害、それに対し、非触法行為グループでは子ども虐待は八パーセント、激しいいじめの被害は四六パーセント）。第三に、非常に不良な現在の適応状態である（全体的な適応水準の平均値、触法グループ五一・二対非触法グループ七四・二）。

この結果を言い換えれば、早期に診断が可能となるシステムを構築し、虐待やいじめなどの迫害体験から児童を守り、現在の適応を良好に保つことで、このグループの触法行為は予防が可能であることが示唆される。われわれが治療を試みた経験を述べると、年齢が上がるにつれ、全体的な改善も再犯の予防も困難となる傾向が明確に示されている。一方、青年期に至って再犯がなかった者の半分は実は早期療育を受けており、触法行為を犯した後の再犯の予防という点からも、早期療育を受けていることがどうやら有効である。これらの事例における治療期間は一年から五年程度の者が多く、まだ回復を確定するには不十分であるが。

先にわが国において高機能広汎性発達障害の少年、青年による重大犯罪が続いて生じて

	大学・大学院	専門学校	企業就労・パート	福祉作業所	主婦	在宅	合計
男性	11	2	25	3	0	14	55
女性	3	0	4	2	11	0	20
合計	14	2	29	5	11	14	75

表4　18歳以上の現状（調査人数75人）

いることを述べた。国際医学雑誌に掲載されたアスペルガー症候群による殺人の報告は三例に過ぎず、毎年のように生じている現在のわが国の状況はやはり異常である。この事実は、わが国においてこのグループへの医療的、教育的対応が立ち後れていることを何よりも象徴しているものと筆者には思える。

一八歳以上の発達障害

さて、第一章に、発達障害の治療・教育の判定は成人例を見れば可能であると述べた。そこで、この四六六名の中の一八歳以上の青年、成人に関する資料を紹介してみたい。

一八歳以上の方は七五名存在した。この七五名の現在の状況を表4に示す。この資料に登場する高機能広汎性発達障害は実は大きく二つのグループに分けられる。一つのグループは幼児期、学童期などに診断を受け、長期間にわたり継続的なフォローアップを受けて青年期を迎えた者で、もう一つは成人期に至って初めて診断を受けた主としてアスペルガー症候群の成人である。

成人に至って初めて診断を受けたグループの相当数は、子どもの治療の過程で、親にも同じ発達障害が認められ、しかもカルテを作成して治療を行う必要が生じたというグループでもある。したがって実は親の側で同じ診断となる者は、ここに現れた者の数よりも多い。裏側をばらせば、この成人に至って初めて診断を受けた事例において、対応に苦慮することが少なくない。長年にわたって発達障害の存在に気づかれることがなく、他の精神科疾患と誤診されていた者が大多数なのである。

従来の精神科治療や精神疾患に関する福祉に乗らないこのグループへの対応を、どのように組んだらよいのかということは、先にも述べたように今日の福祉の大問題となっている。筆者自身も毎週のように、新たに診断を受けたという青年や成人から受診をしたいという相談を受けているが、筆者が勤務する子ども病院では、子どもだけでも長年にわたる待機患者を抱えており、このような成人の初診例にまでまったく手が回らないのが現状である。しかしながら、子どもの治療のために、親の側も並行して治療を行う必要があった場合には、積極的にわれわれはカルテを作って治療を行ってきた。

成人の発達障害の方への対応のコツについても触れておきたい。今、あちらこちらから悲鳴が上がっているのを聞くからである。発達障害の治療においてもっとも必要なことは、障害に関する正確な知識を提供し、新たな自己認識を手助けすることであると思う。

成人になって初めて診断を受けた事例を見ると、「よくここまで何もなく……」という不適応事例と、無駄に年を取っていないと実感させられる適応事例とに二分できる。

不適応事例はほとんどがうつ病など併発症を持ち、被害的な対人関係を抱える事例も多い。このような事例では、障害の診断に対する受け入れは速やかである者が多い。ほぼすべてが目から鱗という感じで自己のハンディキャップについて納得をされる。つまり自己自身との関係修復は比較的容易である。

ところが、他者との関係の修復には困難がつきまとう。その理由は、他者との関係においては過去の現実に生じた迫害体験から容易にタイムスリップが起きてしまい、修正がなかなかできないからではないかと思う。さらに適応事例といえども強い生きにくさを覚えており、診断を受けたことで初めて自分とのそして他者との適切な付き合い方を知ったと述べる方が大半である。前章で述べたように、この方々は、認知の穴をたくさん持っている。一見不思議な判断や行動はほとんどが誤解か、誤った学習の結果である。それらに対する修正をかなり指示的に、繰り返していくことで適応はずいぶんと向上するのである。

就労者、在宅者、主婦

さて現在の状況（表4）である。就労者はパート一一名を含めて二九名であるが、一八名が工場の勤務である。それ以外に一名が販売店で働き、一名が郵便局、一名が事務職、専門職としては、技術系の研究者、医療系の専門職、医師や教師などがそれぞれ一名ずつ見られる。工場労働のうち四名にはジョブコーチがつき、正規の雇用になるまで強力なサポートを行った。筆者はかつて自閉症の企業就労の調査を行い、知的障害のない者に安定就労者が存在しないことに愕然とした経験がある。

これらの事例の相談を継続的に行っていてつくづく思うのは、高機能広汎性発達障害においては一般化は困難であり、練習しなかったことはたとえ大学を出ていてもできないということである。福祉作業所に通う者の中には実は大学出の青年がいる。逆に、一般に苦手とされる販売店の仕事なども、きちんと就労訓練を受けていればそれなりにこなせることも明らかになった。また少数の専門職もおり、それぞれに真面目に仕事についているが、特に対人関係において仕事上の問題を抱えることが多く、うつ病の併発が非常に多い。安定した就労状況はむしろ工場労働者に集中している。

これまで知的障害がない限り、障害者雇用の対象とならず、またジョブコーチがつく上でも何かと支障が多かったが、二〇〇五年に発達障害者支援法が成立して以来、高機能広汎性発達障害に関しても障害者職業センターにおける相談や訓練、またジョブコーチの派遣を積極的に行うことが決められ、この問題は一歩前進をした。考えてみれば通常教育においては、仕事の練習を行う機会はきわめて乏しい。また高校によってはアルバイトが禁止というところもある。明らかに中学生から仕事の練習の機会を持つことが必要である。

しかし一方で在宅者も一四名（二九パーセント）存在する。この在宅者についての特徴は、実は触法行為の内容によく似ていて、診断が遅れ、迫害体験も著しいのであるが、一つ際立った特徴は、不登校の既往が九割と多いということである。そもそも、ひきこもりが不登校の悪化という形で生じることはよく知られているので、高機能広汎性発達障害についても例外ではないと考えるべきなのかもしれない。

しかしこのグループへの治療的な対応は非常に難しい。もともと広汎性発達障害は、あるパターンに収まりやすいところがあり、家庭での蟄居生活に陥った場合、そこからの離脱は膨大なエネルギーを要する仕事とならざるを得ない。すべての問題と同様に、早期の対応が必要とされるゆえんである。冒頭に述べた、

・発達障害児が不登校になったときは一般の不登校と同じに扱い登校刺激はしないほうが良い

は、誤りなのである。

表4で主婦とあるのは全員が、実は子どもが高機能広汎性発達障害で、「息子・娘が広汎性発達障害なら私もそうだ」とご自分であるいはわれわれが判断して並行治療に入った

方々である。このグループは実はけっして少なくないのである。

成人後の状況を決めるもの

現在の適応状況を検討してみよう。自閉症グループの長期転帰は伝統的に「良好」「準良好」「不良」の三群分けを行うのが常である。良好とはほぼ健常者と同等の生活、準良好とは、ある程度のサポートを得て比較的自立的な社会的な生活を送っているもの、不良とは大きなサポートが必要であるものである。七五名に関しては、良好三〇名(四〇パーセント)、準良好二八名(三七パーセント)、不良一七名(二三パーセント)であった。この全体の結果は、世界の他の報告では準良好が多く、良好と不良が少ないという山形になるのに対して、良好も多いが、不良の割合も多いということが特徴となっている。

現在の状況と診断された年齢との関係を表5に示した。中学生以上で診断を受けた場合と小学校年齢までに診断を受けた場合との間に五パーセント水準の統計学的有意差が認められ、小学生のうちに診断を受けた者のほうが成人した後の適応が良いことが示された。

表6で、学歴と適応状況を見てみると、大学・大学院は在学者が存在するため、必ずしも最終的な適応状況を反映していないが、これを見ると、良好な転帰の者の割合がもっとも高いのは養護学校卒業者(全員高等部卒業)で六七パーセントである。次いで大学・大学

院では三八パーセント、高校卒業者三九パーセント、専門学校卒業者五〇パーセントであった。中学卒業者（大半は高校中退者である）の転帰は不良であるものの、高学歴が必ずしも良好な適応を約束するものではないことが明らかとなった。ここで冒頭に示した、
・養護学校卒業というキャリアは、就労に際しては著しく不利に働く
・通常の高校や大学に進学ができれば社会的な転帰はより良好になる
は、明確に誤りであることが示された。

診断年齢	良好	準良好	不良	合計
幼児期	14	6	3	23
小学生	8	8	1	17
中学生以上	10	14	11	35

表5　診断年齢と転帰の相関

学歴	良好	準良好	不良	合計
大学・大学院	10	13	3	26
専門学校	5	5	0	10
高校	7	7	4	18
中学	0	1	8	9
養護学校	8	2	2	12
合計	30	28	17	75

表6　学歴と適応状況

不適応を防ぐ仲間との交流

知的な障害はなくとも自閉症グループの発達障害を持つ児童は、早期発見による早期療育がもっとも有効な治療となる。早期療育を受けた者のほうが、そうでない者よりも青年期に至ったときの適応は明らかに良好で、また学童期におけるトラブル、青年期の精神科的併発症なども生じにくいことがあらためて示された。幼児期においては集団行動の練習

と、養育者との愛着形成促進、学童期においては非社会的な行動の是正と学習の補助、またいじめからの保護が重要な課題となる。青年期においては自己同一性の混乱に対する対応、対人的な社会性の獲得、自立に向けた練習、職業訓練などが重要な課題である。

われわれは高機能広汎性発達障害児（者）の自助会「アスペ・エルデの会」を作り、高機能広汎性発達障害や学習障害の児童、青年へのさまざまな援助を行ってきた。現在この会はNPO法人となり、地域支援システムとして活動を行っている。また「アスペ・エルデの会」では、第一章でも触れたように、高校生以上の青年について「サポーターズクラブ」という独自のグループを作り、青年相互の交流を図ってきた。

この「サポーターズクラブ」は、青年期に至った彼らを支える上で大きな働きをした。「サポーターズクラブ」は当初は、会のディレクターを務めていたわれわれが先導して集まっていたが、徐々に、自分たちだけで活発な交流をするようになった。自分が学校の同級生とはどうも違っていることに悩みだす年齢において、支え合う同じ仲間との交流があることは、彼らにとって大きな支えとなるのである。しかしこのような交流は、小学生、中学生年齢から親しい交流があるもの同士が共に青年に成長するという経緯が必要で、いきなり青年を集めてもこのような支え合いは困難であるようだ。

第六章　ＡＤＨＤと学習障害

注意欠陥多動性障害（ＡＤＨＤ）とは

注意欠陥多動性障害は、多動、不注意、衝動性を三大症状とする。この三つ以外には、不器用な者が多いこと、知的な能力に比べて学力の遅れが生じる者が多いことなどが主な症状として知られている。また成長するとしばしば一緒に認められるのは情緒的なこじれであり、その主なものは反抗挑戦性障害という診断名で呼ばれる。これは名前だけ聞くとぎょっとするが何のことはない、大人の言うことを聞かない、挑発を繰り返し周りの人間に対して故意に苛立たせる行動を繰り返すなど、どの中学校にもそして最近は小学校にもいる、反抗的で生意気な子どもたちのことである。

そもそも子どもは多動な存在である。三歳児と五歳児と七歳児とを比較すれば、年齢が幼いほど集中力の持続は短く、落ち着きもない。ＡＤＨＤの多動を主とする症状は、成熟の遅れととらえるべきものが多くを占めていて、いわば七歳の子どもが三〜四歳の行動コントロールの能力であるというときに、ＡＤＨＤと診断することになる。ある地域やある学校の子ども全部を対象として、一斉に評価尺度などを用いて多動児のチェックを行うといったスタイルの調査では、しばしば一〇パーセントから二〇パーセントが陽性という高い値となる。しかしそのすべてが不適応を生じているわけではない。三症状をはっきりと示す者の中で治療を要する適応障害に至るものは、半分から三分の一程度に過ぎないのである。

これに加えて年齢という要素がある。多動児の割合は小学校と中学校とでは著しく異なってくる。それは年齢によって多動などの症状が著しく変化するからであり、多動そのものは小学校高学年を過ぎると著しく軽減してくる。さらに許容される多動のレベルは、国や文化によって実は大きな違いがあり、ADHDの罹病率が国で大きく違うのは、この文化の差によるところが大きい。これまで世界のさまざまな調査で、ADHDを呈する子どもの割合が大きく違う（信じがたいことに〇・一パーセントから二〇パーセントを超えるものまである）のはこれらの事情が絡んでいる。

多動児であふれる教室

しかしながら、今日の日本で、小学校に実際に出かけて低学年の教室を覗くと、三〇〜四〇人のクラスの中で、授業中にうろうろと立ち歩いたり、前後の生徒にちょっかいを出したりを繰り返す「多動児」が、四〜五人ぐらいは存在するのが普通である。いま日本の学校は地域を問わず多動児であふれている！　嘘だと思う方は、ぜひ、地元の学校の見学をお勧めする。そうすれば学校で教師がどれだけ大変な仕事をしているのかもすぐに理解できるであろう。

繰り返すがそのすべてが不適応を来《きた》すわけではなく、子どものＡＤＨＤの罹病率は、わが国においては三～五パーセントというところだろう。先にすでに述べたように、幼児期からあまりにも深刻な問題を伴う多動を呈する児童は、実はＡＤＨＤよりも高機能広汎性発達障害であるものが圧倒的に多い。広汎性発達障害とＡＤＨＤとでは診断の軸が違うので、両者が一緒にあってもまったく問題はないわけであるが、これもすでに述べたように、国際的診断基準では診断の優先順位が決められており、このような場合には広汎性発達障害が優先診断となる。社会性の問題を持たない純然たるＡＤＨＤの場合、問題行動が顕在化するのは大部分学童期になってからである。もう一つ大きな問題は、子ども虐待によるＡＤＨＤ様症状であるが、これは次の章で詳細に述べる。

歴史的経緯

ＡＤＨＤはわが国では発達障害症候群の一つとして以前から考えられていた。しかし国際的診断基準ではＡＤＨＤは発達障害の範疇ではなく、破壊的行動障害（ＤＳＭ-Ⅳ）あるいは行動および情緒の障害（ＩＣＤ-10）におかれ、行為障害（非行）などと同じグループに含められている。

これには歴史的な経緯がある。多動性行動障害に関する最初の学術誌への記載は一〇〇年前で、その当時から多動や衝動性に加えて、攻撃的、反抗的ということが記載されていた。当初注目されたのは脳炎後遺症としての性格変化であった。その後、一九五〇年代を過ぎると、微細脳機能損傷（ＭＢＤ）という概念でまとめられるようになった。粗大な脳へのダメージは、知的障害やてんかんを引き起こすが、微細なダメージは多動と集中力の障害を主とする性格変化や行動の障害をもたらすという考え方である。つまり最初から非行行為や攻撃的な行動をもたらす性格の病理が中心に考えられていたのである。

ところが七〇年代になると、脳の損傷の証拠が見つからないという事実から微細脳機能障害と呼称が変わった。その後、八〇年代には、こういった証明されていない病因にもとづく診断ではなく、症状のみを中心に取り上げ診断を行うという考え方が主流となり、注意の障害と多動が注目されて今日のＡＤＨＤという概念にまとめられたのは一九八七年のことである。現在では今日の脳科学の進展によって、ＡＤＨＤの症状の背後にはドーパミン系およびノルアドレナリン系神経機能の失調があることが明らかとなっている。また物事の予定や予測的な行動を組み立てる能力である、実行機能と呼ばれる大脳前頭葉の働きの一部に、弱いところがあることも示された。

ＡＤＨＤは発達障害であろうか。第二章で述べた新しい発達障害の概念に照らし合わせたとき、ADHDはそのすべてを満たしていることに気づく。ADHDを発達障害に含めることは何よりも治療、教育的に有意義であると思う。二〇〇五年の「発達障害者支援法」では発達障害の中にADHDを明確に含めていたが、これは世界をリードするわが国の先取性を示すものといえる。

ADHDのそだち

さて、典型的な児童のスケッチを紹介する。

I君は元気な男の子である。最初に筆者が相談を受けたのは五歳、幼稚園の年長になったときで、集団行動があまりにできないので、専門家に相談に行くようにと園長先生から勧められ、お母さんがしぶしぶ受診させたのが始まりである。

実は園長先生からは一年前から受診を勧められていたのであるが、お母さんは家ではあまり問題がないから、園の接し方の問題ではないかと抵抗を続け、受診した当時には幼稚園と家族とのいくらか感情的な対立にまでなっていた。四月になると、I君に勝るとも劣らぬ多動な新入生が入ってきて、二人への対応で担任教諭が悲鳴を上げ、そうこうするうちに遠足で二人が連れ立って行方不明になるという大事件が起きるに及んで、お母さんは重い腰を上げ専門家への受診となったのであった。

会ってみると確かにI君は年齢を勘案しても多動が目立ち、またイスの上でもきょろきょろと落ち着かず、弟につられて診察室の外へ走り出すなど、多動、不注意、衝動性の症状を満たしていた。知能検査では全IQ101と正常知能であったが、ばらつきが著しかった。家族画を描かせたところ、角が生え牙のある鬼のような母親の絵を描き、母親にショックを与えた。多動にもとづくトラブルを繰り返してしまうI君に対して、無理のないことではあるが、母親は叱りがちになっているという。

I君は零歳からカンが強いいわゆるそだてにくい子であったが、一方で非常に過敏でおびえやすいところもあり、小さな地震におびえて何日も眠れなくなったりしたこともあった。興味のあるところに突進してしまう行動は三歳ごろから目立っていたが、しかしとても優しいところがあって、お母さんが頭痛で不調であったりすると、「効いたよね早めの○○」などとコマーシャルを歌いながら、勝手に薬箱から頭痛薬を取り出して用意してくれるのは良いのだが、薬箱を開けて放置したままにしてしまうわ、薬箱の中から頭痛薬を取り出すために箱を漁り、全部入れ直さなくてはならないほどごちゃごちゃにしてしまうわで、逆にまた叱られてしまうのである。

筆者は不注意と多動にもとづく軽い発達の問題であることを母親に説明し、まずは「一度叱ったら一度褒める。特にトラブルを起こさなかったことを褒める」と、叱りっぱなしにしないことを強調した。幼稚園では全体の声かけのみではI君の注意を引くのに不十分なので、I君に対して必ず個別に声かけをしてもらうことをお願いし、また「トラブルがなかったこと」を事細かに園でも褒めてもらうように依頼した。日常生活では夜更かしになりがちとのことなので、早寝早起きが可能な生活に切り替えてもらった。

これだけの指導で、I君の幼稚園でのトラブルは激減した。二学期のはじめ、運動会の練習という苦手な場面があるので、これを利用して薬物の判定を行った。ADHDの八割は薬物療法がそれなりに有効である。特にもっとも使われてきたのは中枢神経刺激薬という種類の薬物リタリン（薬剤名はメチルフェニデート）である。この薬は覚醒剤に近い系統の薬であるので効果判定を厳密に行うことが必要で、またできるだけ期間を限って用いることが好ましい。したがって幼稚園レベルではよほど問題行動が頻発していないかぎり処方せず、学校入学後に使用するようにしているのであるが、学校でのトラブルを最低限にしたいということと、できるだけ短期間の服用にしたいということを両立させるため、I君のような入学前から相談を受けたADHDに関しては、年長組の秋から冬に多動軽減に有効な薬の効果判定を行っておいて、入学に備えるようにしている。幼稚園の教諭の判定で、I君の多動にリタリンは有効であることが明らかとなった。

受診後I君は大きなトラブルなく幼稚園を卒園し、無事に就学時健診も済ませ、通常クラスに入学した。I君自身も緊張していたせいか、一学期は大きなトラブルなく過ぎた。

ところが二学期になると、一挙にさまざまな問題が噴き出すようになった。どうやら夏休みに生活が乱れたまま二学期が始まり、眠気もあって授業に集中ができなくなり、またちょうど運動会の練習も始まって、暑さと疲れでいらいらすることが続いたようだ。友人との喧嘩や、先生から叱られてすねて教室を飛び出すといったトラブルが何度か生じた。ノートを見ると、一学期は時間をかけながらもなんとか読める字で記入していたのであるが、大きく枠をはみ出すようになり、I君自身にも読めないぐちゃぐちゃの字になっていた。この時点でリタリンの使用を開始した。

薬は速やかに効き、I君は落ち着きを取り戻した。そわそわすることは続いているものの、教師から叱責を受けるような問題行動は激減した。I君によると、リタリンを服用すると先生の声がはっきり聞こえるのであるという。それだけではなく、リタリンを服用していると黒板の字がはっきり見えるとも述べていた。

その後、継続的にリタリンを用いたが、週末は必ず休薬し、また長期休暇の間も薬の服用をやめ、新学期になった時点で再度、薬の効果に関する判定を行った。I君は小学校中学年のカリキュラムの壁も問題なく越えることができた。小学校四年生ごろになるとずいぶん落ち着きが増した。外来では、入室するなりおもちゃに飛んでいくことはなくなり、筆者の問いに丁寧語を用いて答えるようになり、ぐにゃっとした姿勢で座ることはなくなった。また友人も増え、いつも一緒にいる親友ができたという。小学校五年になると、極端な不器用についても著しい改善が認められ、字もずいぶん読めるようになってきた。この時点でリタリンは、テストのときや行事のときにのみ頓服で用いるように変えた。小学校高学年になると、多動や不注意に足を引っ張られていた学業成績が徐々に上がってきた。

I君のリタリン服用は中学入学を機会に完全にやめ、外来通院もその後は年に数回の報告だけとなった。高校生まで筆者の外来に顔を見せていたが、大学入学を機会に治療終結とした。心の優しいそして笑顔の明るい好青年に成長していたが、今でもいわゆるケアレスミスは少なくないという。I君はまた何かうまくいかないことがあると非常に落ち込みやすいところがあって、挫折をしやすいとは母親の言葉である。しかし本人自身も自らの欠点はよく知っており、大事なことはメモを取ることを心がけ、また、すぐに判断してしまわずに、大事なことは必ず一晩寝てから決めるとのことである。

ADHDの特徴と対応のコツ

あまり波乱のない治療経過であるが、このような経過が治療を比較的早くから開始した純然たるADHDの一般的な経過である。I君に示されるように、多動そのものは九歳前後に消失する。その後も不注意は持続するが、適応障害に結びつくほどの行動の問題はこのあたりから急速に改善することが多い。また不器用も一般的に一〇歳を越えたころから急速に良くなる。

しかし多動に基づく行動障害は、愛着形成の遅れをはじめとして叱責過多による自己イメージの悪化や、その結果、大人に対する反抗といった二次的問題を生じやすい。ADHDにおける反抗挑戦性障害の並存は七割近くになるのである。さらに後年には非行に展開するものも少なくないといわれてきたが、実は非行への横滑りは次の章で扱う子ども虐待に伴う多動性行動障害に非常に多く認められる現象であり、筆者は、学童期からきちんと対応をしたADHDでは例外的であると思う。むしろI君に見られるように、自信の欠如や抑うつになりやすい傾向がもっとも一般的な後年の後遺症ではないだろうか。

ADHDの小学校年代の治療は、小学校低学年のハンディキャップをいかに減らすかということに焦点が当てられる。その基本の一つは薬物療法であり、もう一つは環境調整である。先にも述べたようにADHDの八割は薬物療法が有効であり、特に中枢神経刺激薬メチルフェニデート（リタリン）が世界的にもっともよく用いられてきた。この薬物が、ノルアドレナリン系とドーパミン系という神経経路の賦活《ふかつ》をすることが徐々に明らかになってきた。先にADHDではこの両者の経路の未成熟があることを述べた。つまりこの薬物は、根本治療ではないとしても、それにかなり近いところに効く薬である。

子どもの心の問題に働く薬はこれまで、熱が出たときの熱さましなどと同様に対症療法に過ぎないと考えられてきたが、最近の脳科学の進展によって、実際に有効な薬が脳の病因に近いところに作用するという証拠が次々と示されるようになった。これは考えてみれば当然である。だからこそ有効なのだ。筆者はメチルフェニデート（商品名リタリン）の服用に関しては、思春期に入る前に離脱するようにしてきた。小学校中学年以後、多動が軽減した段階で、テストなどの行事の日のみの頓服服用に切り替え、中学校年齢になれば中止とする。大多数の一般的なＡＤＨＤにおいては、そのような薬物療法で十分である。

少し脱線におつきあいいただきたい。子どもの心の臨床に用いられる薬は大多数が保険適用外の薬である。世界的にすでに効果が何十年も前から明らかになっているリタリンですら保険適用外であり続けてきた。有効であることが世界的に証明されている薬物でも、子どもの臨床試験という、一定の手順が必要で膨大な手間とお金がかかる検証を、特にメチルフェニデートのような安い薬に関して行ってもメリットはなく、そのまま放置されてきたというのが状況があった。

その後、詳しくはふれないが、二〇〇七年になってメチルフェニデートが安易に一部の医者によって薬物依存者に処方されている実態が報道され、にわかにマスコミで取り上げられた。その結果、リタリンの処方には厳しい制限がかけられることになった。この議論においてADHD治療薬としてのリタリンはなぜか全く取り上げられなかった。より効果時間が長いメチルフェニデート徐放錠（コンサータ）の治験が数年前から行われていたが、この騒動に巻き込まれ、コンサータは二〇〇七年に承認はされたものの、登録された医師および薬剤師のみによる使用許可という、世界的に例のない厳しい使用制限が設けられることになり、リタリンは睡眠障害の一部のみに使用が可能になった。またノルアドレナリン系の選択的賦活薬であるアトモキセチン（ストラテラ）が、近年治療薬として開発され、二〇〇九年には治験をへてわが国でも承認された。コンサータも、アトモキセチンも抗多動薬としては、優れた効果が証明されている。これはADHDの治療薬の登場というだけでなく、わが国の保険適応外薬だらけという子どもの心の臨床領域の大問題についても一歩前進であり、大きな意義がある。臨床試験という困難に満ちたトライアルに挑まれた方々・ご協力くださった方々に、子どもたちに代わってお礼を述べたい。それにしても、わが国の児童精神科領域の薬物は多くが保険診療で承認をされていない状況が続いている。

おだてまくる

環境調整としては、学習に際して周囲の刺激を減らし注意散漫を治める工夫を行うこと、叱責をなるべく減らし情緒的な不安を軽減することがその中心である。このような工夫はバカにならない。『窓ぎわのトットちゃん』で、窓際にイスがあったトットちゃんが表を通るチンドン屋さんに注意を引きずられて授業にならなかったという場面を思い起こしてほしい。教師のいちばん近くの最前列中央に席を移動するだけで、学習が可能になる児童は数多く存在する。少人数クラスに移行するだけで学習が奇跡のようにできるようになる子も存在する。また睡眠不足のときは注意の転導性は著しく亢進《こうしん》してしまう。こういった子に限ってゲームに没頭して遅く寝て睡眠不足で登校したりしている。I君において、早寝早起きを最初に指導したのはこの点の改善をねらってのことである。

また本人のやる気や努力意欲はおそらくもっとも大きな要素である。この点、ADHDは診断基準の症状の中に「精神的な努力を必要とする課題を避ける」という特徴が挙げられているほどであり、また何度も触れているように多動性の行動の問題は周囲からの叱責を招きやすいので、容易に情緒的なこじれに展開してしまう。両親や教師など子どもを取り巻く周囲の人間がADHD児に対して「おだてまくる」覚悟が必要なゆえんである。努力すればそれなりに成果が挙がるという体験をすることはADHDのみならず、すべての子どもに必要な体験であろう。

大人数のフォローアップでは、成人に達したときに、ほぼ問題のない状態が三分の一、集中困難や多動の症状が残っているのが三分の一、抑うつなど情緒的な二次的な問題の併発が三分の一であると報告されている。しかしながらこれは、次章で取り上げる子ども虐待の後遺症としての多動性行動障害の事例が不可分に混入しているので、本当の（？）ADHDはもっと良いのではないかという実感があるのであるが。

学習障害とは

学習障害（LD）とは、知的な能力に比してたとえば読字、書字、計算など、学習の特定の領域に限定した学力の極端な問題を抱える児童である。計算障害に例を取れば、固まりとしての数のイメージ化ができないため、比較的単純な計算もままならないということが起こる。またもっとも多い読字障害は、一般に言葉の基本となる音素の認知自体にハンディキャップを抱えており、その結果、言葉のまとまりとしての把握が難しくなり、読字の困難さにつながるのである。しかし純粋な学習障害はどちらかというと少なく、高機能広汎性発達障害やADHDなど、他の発達障害に併発して見られるものが多い。特に広汎性発達障害に学習障害の宝庫ともいうべきさまざまな学習の凹凸が認められる。

学習障害のこじれてしまった事例は第一章でA君のケースを紹介したので、この章で改めて取り上げることはせず、ごくごく一般的な学習障害児J君を紹介したい。

J君が受診をしたのは小学校四年生のときのことである。例によって小学校中学年のカリキュラムの飛躍のところで、学習に遅れが生じたのであるが、さらに元気がなくなりだらだらとすることが多くなったということで受診してきた。幼児期の様子を聞くと、言葉の遅れがあって、三歳ごろからようやく言葉が達者になったという。小学校では低学年から学習には苦労していたが、特に算数が苦手で、どうしても繰り上がり繰り下がりが理解できないので、三年生以降、算数の学習につまずいてしまっていた。また国語は算数ほどではないが、読字も書字も苦手であり、また非常に不器用で、四年生のいまでも靴の紐を結ぶことができないという。

J君はずんぐりむっくりの体型で、動作が遅く不器用ということもあって、同級生から「カメ」とからかわれることがあり、学習も体育も、ついていくことは難しいということで、すっかり自信を失っていた。しかし知能検査をしてみると、ばらつきは著しいものの、全IQ85と正常下限であった。

継続的な相談が開始された。まず個別の学習が少しできないかと学校に打診をしたところ、学校サイドは通級指導を開始してくれた。この当時（九〇年代）、特別支援教育という概念はまったくない時代であり、よく校長がこのような判断をしてくれたと思うが、後に知り合ってみると、特殊教育を長年担当した経験のある方で、学習障害という問題があることもすでに知っておられた。J君は学校には恵まれたのである。

また筆者は知り合いの先生を紹介した。この方は学校の教師を務めるかたわら、学習障害がある子どもたちを対象とした独自の教材を数多く開発しており、普通の学習が非常に難しい児童でも、彼の個別指導を受けると確実に学力が伸びるのである。その後、この方は発達障害のお子さんを専門に教える塾を開業された。現在も数多くの子どもたちがこの塾のお世話になっている。実は発達障害の臨床では、このような地域の社会資源に関する知識が非常に重要となる。地元の事例の相談でないとあまり役に立たない理由はここにある。

この両面からのサポートによっていくらか自信を取り戻したようで、J君はテストの成績はふるわないものの、時間を要するとはいえ学習課題には取り組めるようになった。

小学校四年の二学期に、ある出来事があった。それは遠足の撤収のときに、J君が最後まで残ってこつこつとゴミ拾いをしたことを、たまたま同行した教頭がきちんと見ていて校長に報告し、朝礼のときに校長はこのエピソードを紹介して、全校生徒の前でJ君を褒めたのである。これは、それまで少し馬鹿にするところがあった同級生のJ君に対する態度を一変させた。子どもたちは、それぞれが個性を持っていて、J君には他の子にない良いところがあることに遅まきながら気がついたのである。それからJ君はクラスの中にきちんととけ込むようになった。

小学校高学年になると、これまでの地道な取り組みが成果を上げてきて、いわゆる四則計算はきちんとこなせるようになった。J君は中学校も通常学級に進んだ。テストの成績こそふるわないが意欲を失うことはなく、友人も多く、部活にもきちんと取り組み、提出物なども自分なりにきちんと提出を続けたため、彼の努力を買う教師は多く、通信票の成績も最低ではなかった。J君は必ずどの学校でも自分の味方となってくれる教師に出会っている。部活の顧問をしていた教師はJ君の努力を評価し、推薦入試で無事高校に進学した。高校では友人からのからかいやいじめがあって不登校になりかけたことがあったが、それも切り抜け卒業し、一般企業に就労した。筆者の外来も、高校卒業時点で卒業とした。

学習障害への対応

学習障害への対応は、なんと言っても特別支援教育である。その中心は、障害のある脳の領域に繋がる領域を賦活し、バイパスを作る作業である。この具体的な対応はきわめて個別的であるので、ここで一括して論じるのは不可能である。従来の教科学習のみならず、作業療法、理学療法の考え方が非常に有用である。

しかし大きな問題は、これまでこれらのリハビリテーションが、成人の脳障害の回復をモデルとして作られてきたことである。発達途上の子どもの脳は、幼児期であればあるほど、成人とはまったく異なった要素が多く認められ、最近の脳画像研究によって、その一端がようやく明らかになったに過ぎない。今後、書字、読字、計算のすべてのバイパス作りにおいて、より効率的な学習方法の見直しが必要とされている。また学校で用いられる教材はあまりにも学習障害児に対する配慮を欠いている。J君の事例で登場した先生が工夫した教材はたとえば次のような発想で作られている。

普通のドリルをよく見ると、さまざまな不要な情報が盛られている。「二学期のまとめ、1、次の質問に答えましょう（一題五点）」などなど。こういったいわば雑音をすべて削除する。そして計算の問題だけを提示する。すると不思議なことに、ドリルではまったくできなかった子の半数が、課題に取り組めるのである。ちょうど色覚異常の方に読めない色の配置を避ける工夫をするように、学習障害児から見たときに困難を際立たせてしまう条件を取り除くという配慮が必要なのである。

一般に小学校高学年に至ると、これまでどうしてもできなかった学習に関しても成果が挙がるようになることが多い。これはこのあたりの年齢で、後述するように神経の剪定《せんてい》が終了し、神経軸索《じくさく》の髄鞘《ずいしょう》化が完成し、その結果として神経伝達速度が一挙に増し、青年期型の情報処理体系に脳の機能全体が移行するからではないかと思われる。このような年齢的な自然改善もあって、純然たる学習障害の場合、学習の補いをきちんと行い情緒的な問題を引き起こさなければ、他の発達障害に比較しても、後年に二次的な併発症を残遺させることはむしろ少ない。

なぜこのようなことが断言できるのかというと、筆者は一九九二年から「アスペ・エルデの会」という軽度発達障害の当事者のための会を辻井正次とともに作り、その運営に当たってきた。アスペの会はアスペルガー症候群など高機能広汎性発達障害の会であり、エルデの会はLDつまり学習障害の会である。この二つはほとんど同時にスタートしたのであるが、アスペの会は徐々に会員がふくれあがったのに対して、エルデの会の会員は常時一定であったのである。

これは同じように参加者がいても、エルデの会のメンバーは青年期を過ぎるとあまり困った問題が生じなくなってくる。すると会に来る意欲はなくなってしまうので、抜けていく。その結果、会員の数は大きな変化がない。それに対してアスペの会は、どの年齢になってもトラブルが続くので、会員は増加の一途であったのである。

これだけで普遍化してはいけないが、学習障害の場合には、その領域に関するハンディキャップを持っていても、アスペのような社会性の障害が中心にあるわけではないので、社会的な適応はおおむね良好であり、冒頭に紹介したA君のように、二次的な問題を作りさえしなければ大きな問題には至らないのである。

第七章　子ども虐待という発達障害

子ども虐待と発達障害の複雑な関係

筆者が現在勤務する小児センターは軽度発達障害のセンターであると同時に、子ども虐待治療センターとしても働いている。われわれは子ども虐待の専門外来である「子育て支援外来」を開設し、入院、外来治療、および地域との連携を開院以来行ってきた。「子育て支援外来」には毎年一四〇名前後の患者が初診で受診した。

最初に驚いたことは、その中に数多くの発達障害児が存在することであった。具体的な数を出すと、開院後五年間にわれわれが診療を行った子ども虐待患児五七五名中、広汎性発達障害が全体の二四パーセント、ADHDが二〇パーセントと、この二つですでに四四パーセントを占めた。なんらかの発達障害と診断される子どもは、全体の五四パーセントに達した。その中で知的障害を伴うものは非常に少なく、その八五パーセントまでがIQ70以上であった。つまりいわゆる軽度発達障害が虐待の高い危険因子となることが示されたのである。

しかしADHDという診断を受けていない子どもも、多動で衝動的な傾向はきわめて一般的で、発達障害と診断される子どももそれ以外の者もすべて含め、ADHDの三症状である不注意、衝動性、多動を示すものは、じつに子どもたちの八割に達した。ここには複雑な問題がある。それを論じるためには、子ども虐待に認められる代表的な後遺症である反応性愛着障害と解離性障害の説明が必要となる。

まず愛着障害についてなるべく簡潔に概説を試みる。愛着の形成とその障害という問題は、今日の発達心理学における鍵となるテーマの一つである。

愛着とその障害

愛着行動とはもともとは乳幼児が不安や恐怖に陥ったときに、養育者との交流によってその不安をなだめる行動である。一般に愛着は子どもとその母親との間において研究されてきた。父親との間にももちろん愛着は形成されるが、母親ほどきちんとした絆《きずな》になりにくいことはどうやら事実である。

余談であるが、実地の観察による研究を見ると、乳児との相互作用はどの形態の社会で調査を行っても圧倒的に母親との関わりが八割以上を占めており、一五パーセント程度が兄弟相互の関係であり、それ以外が父親となる。確か八〇年代の研究であるが、砂漠のベドウィンとイスラエルの実験的なキブツでまったく同じ結果になっているのにうなった記憶がある。こうなると乳児にとって父親とはいったい何かということになるが、相互作用の中で横の支えがとても重要であるから母親の安定のために父親はとても大事というのは、男性の筆者としては負け惜しみに近い。たぶんこれからの父親はこれまで以上に積極的に育児に参加するので、こんな母親独占は減るだろう（減ってほしい）と考えるが、はたしてどうなるであろうか。

さて、愛着行動としては次の三つがある。これらの行動はすべて乳幼児が不安になったときに特に顕著に表れる行動であることに注目してほしい。愛着者にじっと視線を注ぐ「定位行動」、愛着者にしきりに泣き声を上げたり声をかけたりする「信号行動」、愛着者に後追いをしたり、しがみつこうとする「接近行動」の三つである。

愛着行動は、零歳代後半から始まり、二～三歳に第一反抗期をもって完成することが知られている。この時期になると目の前に愛着者がいなくとも、愛着者のイメージを想起するだけでそれほど不安に駆られることはなくなり、つまりしばらくの間であれば養育者から離れることができるようになってくる。この愛着行動は安定した対人関係の基礎とも言うべきものである。

さてこの愛着の形成に支障が生じた状況が、反応性愛着障害である。子ども虐待においては、安心を与えてくれるはずの養育者から被害を受けるのであるから、重大な情緒の混乱を来すことはご理解いただけるであろう。この障害が、対人関係の重大な問題に至ることは当然として、重要なことは衝動や怒りのコントロールの障害を来すことである。愛着が、子どもが不安に駆られたときに見られる行動であることを思い起こしてほしい。愛着形成に決定的な問題が生じると、子どもは不安なときに自分を慰め、安心をさせる術を持たないままに成長するのである。

反応性愛着障害を国際的診断基準では、抑制型と脱抑制型の二つの型に分ける。愛着障害の抑制型は広汎性発達障害に非常に類似しており、一方脱抑制型はADHDによく似ている。つまり発達障害、中でも軽度発達障害は虐待を招く可能性が高いことは明らかであるが、ここに原因と結果を巡るニワトリ―タマゴ論争が勃発するのである。結論を先に述べれば、発達障害の存在が虐待の高リスクになることは明らかであるが、一方、被虐待児は愛着障害に基づく多動性行動障害を中心とする臨床像を呈し、きちんとしたケアがなされない場合には、多動性行動障害を軸とした発達障害症候群を形作ると考えざるを得ないのである。ここでは先に、既存の発達障害と子ども虐待により生じる反応性愛着障害との鑑別について少し述べ、その後、発達障害の原因としての子ども虐待という問題を扱う。

高機能広汎性発達障害と反応性愛着障害

この両者の鑑別はもっとも困難な組み合わせと言われている。これには有名な実例がある。三〇年あまり独裁政権が続き、一九八九年に崩壊したルーマニアのチャウシェスク政権下で生じた大量の孤児である。この中に自閉症が多く認められることは以前から注目されていた。英国に引き取られた孤児に対し、マイケル・ラターを中心とするロンドン大学のグループによる大規模かつ系統的な調査が行われ、結論だけ述べれば、四歳時点で厳密な自閉症の診断基準を満たしたものは、調査した生後三歳半までにルーマニアから英国に養子となった一六五名のうち一一人、広汎性発達障害と診断されたものは全部で二一人も存在した。しかし六歳時点での再調査では、知的障害を伴った三名以外は、自閉症症状の劇的な改善が認められ、反応性愛着障害であることが明らかとなったのである。

われわれの臨床経験の数字を示す。広汎性発達障害か反応性愛着障害か診断に迷った症例が、先の五七五名中二二名存在した。しかしこれらの児童に関しては、治療を行いながらフォローアップをすると、反応性愛着障害の場合は対人関係のあり方が著しく変化していくのが認められた。結果としては、ちょうど半数の一一名においては反応性愛着障害と診断が変更された。特に入院治療によって集中的なケアを行うと鑑別はより容易となった。この一一名はほとんどが里親養育か児童養護施設入所児であり、家庭にそだった子も非常に激しい虐待かネグレクトかその両者を受けていた。つまり、逆に言えば一般的な家庭で生じたネグレクトのレベルでは、広汎性発達障害との鑑別が問題となるような愛着障害は生じないことが示されたことになる。

高機能広汎性発達障害と子ども虐待との関連では、まったく予想していなかった別の問題が浮上した。広汎性発達障害において、強い遺伝的素因が認められることは以前から知られていた。これまで強調をされてきたのは主として父親―息子というパターンであった。しかしわれわれが気づいたのは、子ども虐待が絡み、入院治療を必要とするに至った難治例において、母親―子どもという組み合わせが少なからず存在することであった。

このような例に対してわれわれは、積極的に親の側の診断もして母子の並行治療を行った。母親の診断は、いずれも当科においてなされたものであり、子どもの問題で受診した際に、母親自身の問題が明らかになったものである。大多数の母親自身に障害についての告知を行ったが、自分自身の対人関係のあり方や社会的な能力に対して不全感をすでに覚えていた方が多く、受容は良好であった。この約八割に子ども虐待が認められたが、母子並行治療によってその大半に改善が認められたのである。

われわれの報告まで、洋の東西を問わずこの問題はまったく取り上げられてこなかったテーマである。今後より詳細な検討が必要とされる。

虐待系の多動児とは

より困難なのは、一般的なＡＤＨＤと虐待による多動性行動障害との鑑別である。虐待に認められる多動性行動障害はADHDから区別するために、ADHD様症状と呼ばれることがあり、ここではその呼称に従って区別を行うこととする。

具体的な症例を見てみよう。

小学校三年生の男児K君である。母親によれば、幼児期は落ち着きはないが多動ということはなかったという。幼いころから父親から母親への激しいDVがあり、また本人も父親から激しい身体的な虐待を受けた。ちなみに父親は、子どものころは多動だったという。

その後、両親は離婚したが、小学校三年生ごろから家庭でのお金の持ち出しがあり、学校や家庭内で暴れるといった問題行動が頻発した。学校では何か不愉快なことがあるとすぐに切れてしまって、注意されると教室から飛び出した。教室に留まるよう教師に言われ、鉛筆を前の席の子の背に刺すといった突発的な他害が生じた。家庭でも切れると母親に「ウルセー、ババア」などの暴言があり、また母親に叱られて興奮した彼が包丁を握ったというエピソードもあり、家庭の躾では彼の行動を止めることがすでに困難になっていた。

担任が新任の優しい先生になった。はじめのうちは彼は新しい先生にまとわりついていたが、彼が同級生の女子に対し衝動的に足で蹴りあげたことを先生から叱られたときに、

「じゃあ死んでやる」と教室の二階の窓枠に足をかけた。先生が止めると、今度はハサミを振り回し大暴れとなった。隣のクラスの先生まで駆けつけて大人三人がかりでやっと押さえた。この出来事の後、K君は母親と共に児童相談所を訪れ、そこからの紹介で小児センターに受診したのであった。

初診の時にK君は、落ち着かず、着席もままならなかった。しかし悪夢を繰り返し見るという訴えがあり、さらにお化けの声がよく聞こえるという。またずっと多動というわけではなく、特に朝には不機嫌でむしろ動きは悪く登校を嫌がるが、学校に行くとそわそわして着席はできず、周囲の子どもにちょっかいを出し喧嘩になる状況であった。母親自身も、K君の幼児期にはよく手を上げていたことも明らかとなった。母親は、仕事に追われていて家に帰るのも遅く、また疲れ切っており、K君に対しては放置状態であるという。彼が暴れ出すと夫のイメージと重なってしまい、K君の気持ちを受け止める気にはならないという。母親は明らかにうつ病の状態であった。

K君は注意欠陥多動性障害（ADHD）の診断基準を満たしており、また反抗挑戦性障害の診断基準も満たしていたが、解離症状（次項参照）が見られ、解離性障害と診断された。DVから生じた母親のうつ病とPTSDの治療を行うために、母親にもカルテを作ってもらった。K君は家庭での治療は困難と判断されたため、入院治療となった。

入院直後からK君はハイテンションが続き、大声を上げて同じ時期に入院した男児、女児と一緒に病棟内を走り回りよく転んだ。また病棟から通う学校でも同様で、毎日のように飛び出しを繰り返した。しかしスタッフが指導すると「ぼくだけ叱られる」とすねた。一方でめまいや腹痛などを頻繁に訴え、特定の看護師にはベタベタと甘えた。他児のカードを盗ったときに証拠を見せて問いただすと、突然にあくびをはじめ意識が朦朧《もうろう》としてしまった。また一度病棟で大暴れをしたが、その時のことは後で思い出せず、記憶の不連続が認められた。

K君は気分の高揚や怪我、ほかの子どもへの威嚇や暴言が続くため、薬物療法を開始した。病棟生活では、看護師の指導で、ハイテンションになって大声が出始めたら自室で一人で深呼吸を行うようにしたところ、夜間の睡眠がやっと確保されるようになった。病棟での生活全体の治療に加えて、臨床心理士による精神療法も行われ、数ヵ月を経た後は、記憶の断裂はなくなり、大暴れを繰り返す状態はほぼ治まった。入院後、四ヵ月を経て試験登校が開始され、もとの学校でもトラブルなく生活ができたことを確認して退院となった。

このK君の事例と、前章のADHD児I君との比較をしてみてほしい。今日の学校で、先生方を悩ませているのはI君のようなタイプの子もさることながら、圧倒的にK君のタイプの子ではないだろうか。いったいどこが違うのであろうか。そう、K君には状況によって意識モードの変化が認められるという点である。この現象を理解するために、虐待のもう一つの後遺症である解離性障害についての説明が必要となる。

解離とは

解離とは、脳が器質的な傷を受けたわけではないのに、心身の統一が崩れ、記憶や体験がバラバラになる現象の総称である。心的外傷体験（トラウマ）のみで生じるものではないが、トラウマによって起きる精神症状のうちもっとも頻度が高いものの一つなので、トラウマ臨床とは不可分の関係にある。

この解離という現象を説明するのは非常に骨が折れる。経験していない人に分かってもらうのは難しく、精神科医はともかく、身体の病気を扱う医者、さらに小児科医ですら、「解離なんて本当にあるの？」という疑念を抱くことはまれではない。最近になって横綱朝青龍の解離性障害の報道で、ずいぶんなじみ深い診断名となったが、逆に詐病《さびょう》の一種と誤解を与えてしまったかもしれない。

解離を説明するときに混乱する一つの理由は、その幅が大きいことである。特に子どもの場合は、渾然《こんぜん》とした症状として現れることが多い。解離はまた人間だけの現象ではない。有名なのは、狸が驚いたときに仮死状態になる、いわゆる狸寝入りであるが、さまざまな動物において、同様の解離症状があることが知られている。

解離の大家であるパットナムによれば、解離症状は記憶の障害と、解離の途中で起きる過程症状の二つのタイプに大別できるという。

記憶の障害としては、ブラックアウト（記憶が飛んでしまっている現象）、遁走エピソード（気づいたらまったく別の町に行っていて、その間の記憶がない）、技能知識水準レベルの動揺（ある時は高い能力を示すのにある時はまったくダメなど、日によって能力がコロコロ変わる）、自己史記憶の空白（ある年齢の記憶がまったくない）、フラッシュバックなどがある。

解離の過程症状として、離人感（物事の実感がなくなってしまってとても苦しい現象。最近しばしば見るリストカットの背後にはこの状態がある）、被影響体験（何かに操られているような感じ）、解離性幻覚（お化けが見えたり、お化けから声が聞こえたりする）、トランス体験（没我状態に陥る現象）、交代人格状態（一人の人間に別々の人格が現れる現象）、スイッチ行動（ふだんの子どもとは違った状態へとスイッチが切り替わる現象）、解離性思考障害（内なるお化けなどの声に邪魔されて考えがまとまらない状況）などがある。

なぜトラウマで解離が生じるのかというと、そのつらい体験を意識や記憶から切り離してしまうことで凌ぐという防衛メカニズムが働くからである。逆に言えば、強すぎる光に晒されたときに写真が白く飛んでしまうように、統合できないつらい体験が解離の種となるのである。殴られているときに自分は意識を切り離して天井から殴られている自分を見ていた、といった体験をしている被虐待児は多い。またある年齢から以前のことが完全に抜けていて、どうしても思い出せないという元被虐待児である成人も数多く存在する。

ところが、人の心というものは喩えて言えば銀塩フィルムではなくデジタルカメラなのだ。白く飛んでいて何も写っていないように見えても、感度をカシャカシャと下げていけば実はきちんと写っていて、思い出そうとしても思い出せないのに、フラッシュバックという形で突如再体験に襲われるという病理的な現象が現れるのである。

多重人格も実はこの過程で出来上がるのである。トラウマが生じたときに、そのトラウマ記憶を持つ部分が主人格から切り離される。そして、激しいトラウマごとに、その記憶に結びつく部分人格が作られそのつらい記憶を担うのである。

ADHDと虐待系のADHD様症状の違い

さて、K君は小児科医からは一度ADHDと診断を受けたことがあった。ただし、解離の特徴もまた認められる。一般的なADHDとK君のようなADHD様症状の類似点と鑑別点を見てみよう。目立つ症状としては両者とも多動性行動障害を示す。多動の起き方としては、ハイテンションの形を取りやすいところも同じである。両者とも不器用が認められ、時間管理や整理整頓が非常に苦手であることも類似している。また喧嘩がよく起きることも類似している。

しかし多動の生じ方は、ＡＤＨＤ様症状ではムラが目立ち、非常にハイテンションのときと、不機嫌にふさぎ込む状態とが交代で見られることが多い。特に夕方からハイテンションとなり、寝る前までそれが続く。これはおそらく、午前中は抑うつが強いからではないかと考えられる。それに比べて一般的なＡＤＨＤは眠くなると多動がひどくなるが、一日の多動にそれほど大きな変化はない。対人関係のあり方は、ＡＤＨＤは単純で率直であるが、ＡＤＨＤ様症状は逆説的で複雑である。そして何よりも、問題に直面した時に、解離反応が起きて朦朧としてしまったり記憶が飛んだりすることは、純然たるＡＤＨＤには見られない症状であり、ＡＤＨＤ様症状の大きな特徴である。

少し専門的になるが、薬物療法は、一般的なＡＤＨＤでは、Ｉ君のようにメチルフェニデート（リタリン）など中枢神経刺激剤が第一選択剤であるが、しかしこのタイプの薬は虐待系の多動にはほとんど無効である。むしろ、選択的セロトニン再取り込み阻害剤の少量と、非定型抗精神病薬の少量のカクテルが有効な場合が多い。また反抗挑戦性障害や非行への移行という問題は、虐待系の多動は非常に多いのに対して、一般的なＡＤＨＤでは、反抗挑戦性障害は時として見られるものの、非行への横滑りは比較的まれである。なぜ、被虐待児が多動になるのだろうか。最近の神経生理学的研究で、虐待を受けた児童に認められる脳の生理学的異常が明らかになってきた。反復性のトラウマによって、注意集中と刺激弁別の異常が生じることが示されたのである。

つまり普通の外傷体験の場合には、その外傷に関連する刺激においてのみ、フラッシュバックが生じる。たとえば交通事故の被害者が、爆走する車のシーンで、事故場面のフラッシュバックが起きるといった現象である。しかし子ども虐待のような反復性のトラウマの場合には、徐々に、刺激内容にかかわらずフラッシュバックが引き起こされるようになる。被虐待児は、いわば体の警戒警報が鳴りっぱなしの状態となって、すべての刺激に検討を行わず、即座に過剰反応を呈するようになる。この状態は外から見ればハイテンションで落ち着かない、多動性行動障害の臨床像となる。これこそ虐待系のＡＤＨＤ様症状に他ならない。

発達障害としての子ども虐待

われわれは比較的短期間に、数多くの重症な被虐待児の治療を行うという機会を得た。その中で、被虐待児はあたかもきょうだいのように似ていることに驚かされた。具体的な資料を見てみよう。

五歳以下で反応性愛着障害を呈する者の割合は七割に達する。つまり子ども虐待に見られる幼児期のもっとも一般的な問題であることが分かる。一方、解離性障害は、五歳以下の年齢でその割合は二八パーセントであるが、六歳から一一歳では六一パーセント、一二歳以上では八一パーセントと年齢が高くなるほど多くなる。非行も三割に認められたが、五歳以下で〇・四パーセント、六歳から一一歳で三二パーセント、一二歳以上で五〇パーセントと、解離性障害と同じく、年齢が上がるにつれて割合が高くなる。

先に学童を中心とする被虐待児の八割に多動性行動障害が認められることは述べた。つまり被虐待児の示す症状は、年齢による際立った推移があり、子ども虐待の影響は、幼児期には反応性愛着障害としてまず現れ、次いで小学生になると多動性行動障害が中心になり、徐々に思春期に向けて解離症状が明確になり、その一部は非行に推移していくのである。小学生中学生についてみると、知的には境界知能を示す者が多い。それだけではなく、知的なハンディキャップを勘案してもなお知能に見合った学力を得ることが難しく、学習に大きな困難を抱えるものが過半数を占める。多動性行動障害を呈するものが多いため、衝動コントロールが不良で、ささいなことから相互に刺激をし合い、時にはフラッシュバックを起こし、大喧嘩になるかフリーズを生じるかといった状況を毎日のように繰り返す傾向がある。

さらに治療がなされない場合には、被虐待児の終着駅は複雑性PTSDとして知られる病態であることがわかっている。これは解離が日常化し、感情のコントロールや衝動コントロールが非常に困難となり、重度の抑うつ、自殺未遂、さまざまな依存症、多重人格などの症状を特徴とするきわめて重症の精神障害であるが、情緒に関するそだちの障害ということもできるだろう。

最近になって、脳の機能画像研究の結果が示されるようになった。第二章に扁桃体の問題については少し触れた。一つ一つについて解説することは避けるが、脳梁《のうりょう》の体積減少、上側頭回の体積増大、下垂体の体積増大、海馬の体積減少、眼窩《がんか》前頭皮質、前側頭極の血流増加、下前頭回の血流低下、海馬の賦活低下、前帯状回のNアセチルアスパラギン酸の低下など、実は脳の広範な領域の問題が報告されている。

それらはすべて、たとえば脳梁の機能不全が解離症状と関連するなど、被虐待児の示す症状との間に連関を見ることができるのである。そして、広汎性発達障害や一般的な注意欠陥多動性障害においても徐々に基盤となる器質的な所見が明らかになってきたものの、実は被虐待児に示されたほど、明確な器質的な変化は認められていない。この点からも、一般的な発達障害よりも子ども虐待のほうがより広範な脳の発達の障害をもたらすことが示されているのである。

このような事実から徐々にわれわれは、被虐待児とは、同じ症状を示し、同じように変化をしていく、一つの発達障害症候群として捉えるべきではないかと考えるようになった。近年、バンデアコルクというトラウマの世界的権威によって、発達性トラウマ症候群という概念が提唱された。これはわれわれの見いだしたものと同じ現象を述べている。

読者のみなさんには誤解される方はおられないと思うが、ここで筆者が発達障害という規定を行うことは、不可治性を強調することが目的ではない。治療と教育により軽快し、恒常的な変化に対する修正が可能であることこそ強調をしたい点である。しかし介入がなされないときには、発達障害は適応障害へとつながるのである。被虐待児への治療および教育を、発達障害児への療育という視点から見直すことは意義があるのではないかと思うのだが。

子ども虐待へのケアと教育

発達障害の治療教育については第九章でまとめて述べるが、子ども虐待に関しては、それ以外の発達障害症候群と一律に論じられないところがあり、ここで手短かに触れておきたい。

被虐待児の心の傷のケアにはそのために整えられた環境が必要であり、ケアそのものが生活を基盤とするものである。被虐待児へのケアは、第一に安心して生活できる場の確保、第二に愛着の形成とその援助、第三に子どもの生活・学習支援、第四に初めて精神療法が登場するが、ここで重要なのはフラッシュバックへの対応とコントロール、および解離に対する治療である。このようなケアを通して他の人への信頼と健康な人との絆を取り戻し、さらには自分が他の人を援助できることを学んでいけば理想的なケアとなる。さらに親の側も支援を必要としている。可能であれば親子を一緒にサポートし、親子が共に、より幸福な道に歩みを進めることができればそれに勝るものはない。

何よりも、子どもが安心できる安全な環境に置かれるのでなくては治療が始まらないが、実はこのもっとも基本的な対応でわが国はすでに失格であることをご存じだろうか。現在、保護をされた被虐待児の約八割が家庭に復帰している。家庭に帰すことが好ましいからなされているのではなく、虐待によって保護される子どもの数が予想以上の伸びを見せるなかで、社会的養育の場はすでに満杯状態にあり、保護をする場所がないから否応なしに家庭に帰しているのである。

わが国は先進国で唯一、被虐待児のケアの場は主として、大人数の児童が一緒に暮らす大舎制の児童養護施設によって担われている。心の傷を抱えた者同士が集まったときには、攻撃的な行動噴出をはじめとするさまざまな問題行動が繰り返され、さらに子ども—子ども間においても、子ども—スタッフ間においても、虐待的な対人関係が繰り返し生じ、子どもの安全の確保自体に大きな困難を抱えている。社会的養育を巡るこのような厳しい状況は、被虐待児へのケアの基本的な問題であると思われる。里親養育の増加が強く望まれるゆえんである。

次の課題は愛着の形成であるが、当然ながらそれには愛着を提供できる対象が存在することが不可欠である。しかし現在は、先にも述べたように、保護された児童が大舎制の児童養護施設という慢性的人手不足の中で生活をしており、この課題にも大きな困難を抱える。家庭から分離せざるを得なくなった被虐待児に対して、愛着の再形成ということを考えればこれもまた、里親による養育が望ましいことは言うまでもない。

すでに幼児期を過ぎた子どもにとって、愛着の再形成に関しては普遍的な問題がある。愛着を形成する要素とは、胎内環境を含め、子どもがはじめに感じた肌触り、色、音、香り、舌に味わう乳の味である。虐待を受けた子どもにおいては、虐待者の発する声、臭い、色、音、時として叩かれたときの感触、恐怖と痺《しび》れなどが虐待者との間の歪んだ愛着を形成する要素となってしまう。

たとえ理想的な里親に恵まれたとしても、あるいは理想的なグループホームの小舎制養護施設に入所したとしても、そして実の親との間に愛着の修復や再構築を行う場合にはなおさらのこと、一度出来上がっている歪んだ愛着（虐待的絆と呼ばれる）によるさまざまな病理が、問題行動として噴き出してくることが避けられない。被虐待児の対人関係はゼロからではなく、マイナスからの出発である。愛情が注がれれば注がれるだけ、逆に問題が噴出するというパターンとなる。K君の衝動的な行動の背後にあるものを考えてみてほしい。したがって子どもと愛着提供者との間に立って、噴き出す子どもの問題行動の意味を親、里親、指導員にそして本人自身に、説明し、その行動の修正を行うという介入が必要となるのである。

次の課題が生活と学習である。被虐待児は、一般的な生活の練習が不十分であることが少なくない。これは身辺の課題、規則的な食事、清潔習慣、整理整頓、学習の習慣まで広範に及ぶ。さらに被虐待児には先に述べたように学習の遅れが非常に多い。注意の障害などの脳の働きの問題もあり、それに加えて学習の習慣がないことが要因となっているのであろう。この問題が深刻なのは、特に国語力の不足が内省の不足をもたらし、多動に拍車をかけるという悪循環を作るからである。低学力は自立の足を引っ張り、次の世代への悪影響にもなりやすい。被虐待児にきちんと勉強を教えることは重要な課題である。それは非行の減少にも直結する。

子ども虐待への専門的な対応

子ども虐待への専門的な対応について少しだけ触れておきたい。

被虐待児によく見られる問題行動の噴出の原因には、解離が背後にある過覚醒が認められる。たえずいらいらし、ささいな刺激からフラッシュバックを生じ、挑発と喧嘩を繰り返す。性的虐待を受けた女性は、無意識に肌を晒した服を着たり、男児に誘いかけたり挑発的な行動を繰り返すが、その一方で男性患者が接近をすると非常におびえフラッシュバックのために突然の予期せぬ病状の増悪を来す。

過覚醒そのもの、さらに過覚醒にからんだ暴力や挑発行動には、薬物療法が必要となる。K君の事例のように、薬物療法の助けを借りたほうが問題行動の軽減には良いことが多い。問題は、このような治療の経験と知識を持つ児童精神科医が非常に少ないことであるが、これは子ども虐待にとどまらず、発達障害の臨床すべてに言えることでもある。

また心理教育も非常に重要である。被虐待児の子どもは単一のフラッシュバックだけを示すのではない。さまざまなフラッシュバックが重なって認められることが多い。さらにこの虐待によるフラッシュバックが、子どもだけではなく、虐待をする親の側にも同時に生じ、家族全体がフラッシュバックの渦に没入した中で生活を行っている。虐待の反復そのものが、フラッシュバックとして再現されていることはまれではない。トラウマに関連して生じるこれらのさまざまな病理反応は、常識的に理解できる内容を突き抜けたものを多数含んでいる。またそこには解離の影響があるので、子どもも養育者もともに、なぜそのような反応や行動が生じるのか、自分では理解できないままに、さまざまな拒絶反応や攻撃的衝動行為が噴出し、さらにおのおのの体験は記憶の断裂によってつながらないといった状況もまれではない。このため、トラウマがどのような作用を人の心と対人関係に及ぼすのかという内容に関して、子どもにも親にも学んでもらうという仕事が必要となるのである。

こうした一連のケアの積み重ねの基盤の上に、はじめて被虐待児への精神療法が有効に働くのであるが、その詳細にここで立ち入ることは避けたい。

こうして簡単な振り返りを行っただけで、膨大なエネルギーを要する作業であることはご理解いただけるのではないだろうか。重症の被虐待児を通常教育のシステムの中だけで教育するのは不可能であり、どうしても特別支援教育が必要である。今日学校は、好むと好まざるとにかかわらず、子育て支援のための最前線基地である。学校が家庭に恵まれなかった子どもたちの子育てに積極的に関与することが避けることができない時代に、われわれはいるのであると思う。

第八章　発達障害の早期療育

脳の発達と発達障害

新生児の脳の重量は平均三五〇グラムで、体重の一〇分の一に達する。これが成人の脳の平均重量である一三〇〇グラムまで増加するのであるが、二歳から三歳にかけてすでに一〇〇〇グラムを超えてしまう。つまり、三歳までにその八割の重量が備わってしまうのである。ちなみに人の脳は、哺乳動物の中で、体重比が最大である。そもそも人は巨大な脳を持ったがために、四足歩行ができず直立歩行が必要となり、先にも述べたが産道を通らなくなってしまうので未熟児状態で出産したりと、この巨大な脳のために、さまざまな無理を強いられているのである。

新生児から三歳までの急激な重量の増加は、神経細胞が増えるわけではない。次ページの図1は後頭葉の、新生児から二歳までの顕微鏡写真である。神経細胞の数は増えることはなく、むしろ減っていく。しかし神経と神経をつなぐネットワークが網の目状に張り巡らされていくのである。そしてこのネットワークは五歳にしてすでに完成してしまう。

それから後は、今度は神経の剪定と呼ばれる現象が起きるようになる。つまり、使用される経路は残り、使用されない経路は消えていく。この神経の剪定が終了するのは一〇歳である。この神経の剪定にともなって、ミエリンという物質が軸索を覆い、絶縁が施され

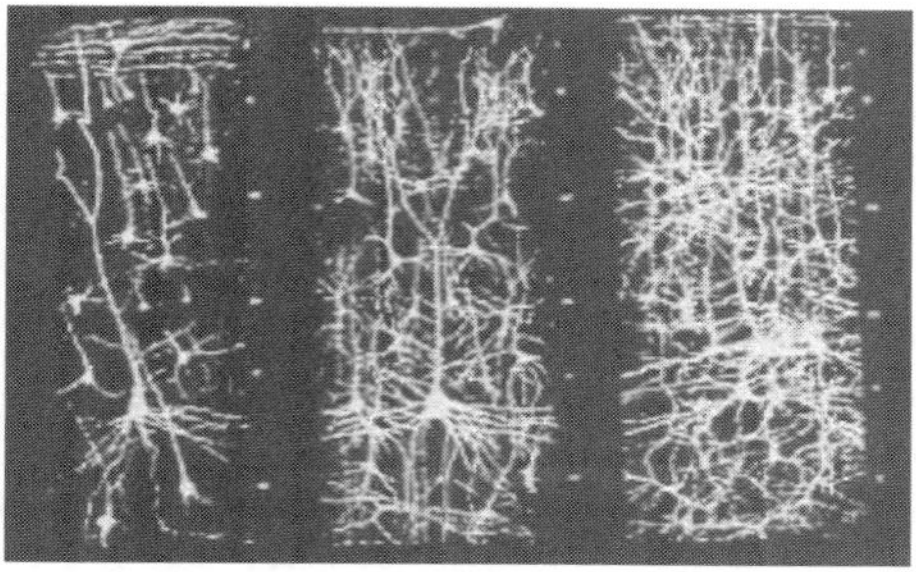

図1　新生児から2歳までの脳の発達
(鴨下、1992)

るようになる。この過程が進むと、神経間の伝達速度は飛躍的に速くなり、同時に、興奮が他に漏れない構造となるのである。

つまり幼児の脳は、一つの神経細胞が挫《ざ》滅《めつ》しても、すぐにバイパスが形成可能という、ダメージに対する高い代償性を持っている。喩えて言えば、東海道新幹線が不通になったとしても、時間はかかるが中央線を乗り継げば名古屋から東京に行けるようなものだ。

この高い代償性に支えられて、幼児の脳では、成人では起こりえない離れ業がしばしば生じる。たとえば、三歳前であれば言語中枢が大きなダメージを受けても、約半数の幼児は言語の復活が可能であり、さらに言語性知能が低下しないこともある。しかし同時に、幼児の脳は一つの細胞の興奮が周囲に漏れやすい構造となっている。幼児においては発熱に伴うけいれんが生じやすいのは周知のことであろう。

このような高い代償性は五歳を過ぎると失われるが、それでも前思春期までは成人より高い能力が保たれる。しかし一〇歳を過ぎると成人との差がなくなってくる。この一〇歳という年齢は、一つの臨界点であり、これまでに身に付いた言語や、非言語的なジェスチャーが一生の間の基本となることが知られている。重度の発達障害を抱えた児童の臨床で言えば、小学校中学年前に、基本的な身辺自立の課題を終えておかないと、それ以後に習得するのは非常に困難となる。これらの事実は、このような脳の発達を背景としているのである。

ダメージモデルと凹凸モデル

さて、上記のような子どもの脳の発達を踏まえた上で、発達障害の療育を考えてみよう。ここでは重度の発達障害と軽度の発達障害に分けて考える必要がある。まず重度の障害の場合には、ダメージモデルで考えることができる。

ダメージモデルとは、先に述べた神経経路の一部分に大きなダメージが生じたというものである。つまりお母さんのお腹の中で交通事故にあったようなものであり、その場合には、生まれてから後の発達の過程は、一種のリハビリテーションに他ならない。この過程ができるだけ早くからなされた場合には、幼児の高い代償性に支えられて大きな回復や軽症化が可能である。できるだけ早い時期からリハビリテーションに邁進《まいしん》することが重要となる。この場合、治療は即、治療的教育すなわち療育に他ならず、最悪の対応は「放置」

であることはご理解いただけるだろう。

このような児童の場合には、病院で治療してゆくことの限界がおのずから明らかである。たとえば脳卒中のリハビリを二週間に一回、一時間だけやって後は寝ている、という治療で効果が上がるかどうか考えてほしい。同様に言葉の遅れのある児童に、二週間に一回、言語訓練を一時間だけ行ったとしてもそれほど有意義とは考えにくい。脳性麻痺の一部などの運動神経系に限定した障害であれば事情は異なる可能性はあるが、知的障害を伴った自閉症や精神遅滞などの全般的な発達の遅れに対しては、密度の薄いこれらの病院中心に行われる治療は、いわば稽古ごとと同じである。発達の問題が重症であればあるほど、生活全体の中で療育によって発達全体を支えていくことが求められるのである。

それに対し、軽度発達障害の場合には、その中心となる問題は発達の凹凸である。軽度発達障害の場合に、幼児期の療育がどうしても必要であるのは広汎性発達障害の子どもであろう。それ以外の問題は学校教育が始まる前に大きな問題になることは少なく、また学校教育開始後でもそれなりに対応できるからである。もちろん第六章でみたI君のように、幼稚園年齢から始めることができればそれに越したことはないのである。発達の凹凸の場合、問題は、子どものとる行動の優先順位が本人の興味や関心に流れ、集団行動や社会的な行動に向かないことにある。一般に苦手なことはしたくないという行動パターンを強烈に実行するため、ますます苦手となるという悪循環を作るのである。

このようなパターンを修正し、できるだけ社会的な行動が増えるように練習を積み重ねることが療育の中心となる。つまりこの場合にも最悪の対応は「放置」である。言語治療などの稽古ごとは、重度のダメージの場合に比べればはるかに有効ではあるが、広汎性発達障害の子どもの場合、今度は普遍化の問題が起きやすい。つまり病院でできることが生活の中でできるとは限らず、ここでも生活への日常化の工夫が必要となるのである。

子育て支援と乳幼児健診

重度の例も軽度の例も、病院で専門家が発達障害への治療を行うという方法のみでは明らかに不足で、毎日の生活を中心として両親や保育士によって、子どもの高い代償性が活きるように、あるいは行動パターンの修正が可能なように、子どもの健康な生活を保障することこそがもっとも有効な治療教育なのだ。

さらに言えば、たとえば自閉症のような、体験世界そのものが通常のわれわれとはいくぶん異なっている場合においても、幼児期は、そのような障害独自の問題に関してそれほど神経質になる必要はないようだ。ごく普通の保育で十分に成果が挙がるといういくつかの証拠がある。しかし学童期になると、自閉症は自閉症の、ＡＤＨＤはＡＤＨＤのと、それぞれ独自の認知の特徴に沿った働きかけをしなくては、教育そのものが成り立たなくなってしまう。

わが国は世界に冠たる優れた乳幼児健診システムを構築してきた。特に一歳六ヵ月児健診は障害児療育に革命をもたらしたと言っても過言ではない。世界レベルでみても、一歳半という早期から障害児への療育が可能であるシステムはわが国の他に見あたらない。近年のわが国における障害児の軽症化には、一九七〇年代以来の一歳半健診とそれに基づく早期療育の成果も大きく影響をしているのに違いない。しかし先にも述べたように、知的な遅れのないタイプに関しては、従来の乳幼児健診で十分なチェックをすることは、現在でも大きな困難がある。軽度の問題を視野に入れたシステム作りが必要な時代になっているのであろう。

さらに最近、乳幼児健診のパラダイムが大きく変化してきた。発達障害のスクリーニングもさることながら、むしろ家庭への子育て支援、という役割の持つ意味がより重くなってきたのである。われわれが一歳半健診に初めて取り組んでいた一九七〇年代後半から八〇年代には、きちんと健診が行われた場合、五〜七パーセントの児童が要指導としてチェックされていた。それが現在では、子育て支援という視点からていねいにチェックを行えば、幼児健診において要指導児、あるいは要指導家族の割合はじつに三割（！）に達する

のである。現在、わが国の育児状況は、何でもありの時代となっている。子ども虐待につ
いても、どの家庭でも起きておかしくない。第七章で述べたように、知的な遅れのない発達障害と子ども虐待とは密接に絡み合うので、子育て支援という視点から乳幼児健診を行うことは今後ますます必要になるであろう。

さらに軽度であればあるほど、逆に、両親が子どものハンディキャップを認識できるかどうか困難が付きまとう。子どもの発達障害の存在の受け入れに抵抗があることは当然であるが、ここには第二章で取り上げた、発達障害というものに対する非常に固定的な誤解が色濃く影響をしている。この点、本書で紹介した正しい発達障害の知識があれば、ドクターショッピングを繰り返し、発達障害の有無を確認して回るよりも、なるべく早く療育をスタートさせることが、発達の凹凸いかんによらず、子どもの発達そのものの向上に結びつくという事実に気づくのではないかと思う。

大人との関わりが大事

育児支援に絡むもう一つの大きな問題は、愛着の形成の遅れである。健常児においては二～三歳において完成する愛着の形成が、発達の障害を持つ児童の場合、特に広汎性発達障害の子どもたちにおいて、知的な遅れがない場合でも、より後年にずれることはまれで

はない。これは親の側に強い欲求不満を作ってしまい、先に触れたように、子ども虐待に結びつきやすいのである。

この状況の改善には二つのことが必要である。一つは、両親が正しい知識を得ることであり、本書がまさにその目的で書かれている。もう一つはなんと言っても、親子ともにお互いに時間をかけて付き合うことの重要さだ。愛着の過程を進めるためには、特に子どもの発達の凹凸が著しい場合には、両親が子どもと向かい合う時期があったほうが良いと筆者は思う。

具体的に言えば、はじめから療育通園や保育園、幼稚園に、子どもだけ単独で通園させることでは不十分で、できれば親子による親子通園を週に数日でも行うことが好ましいのではないだろうか。互いをよく知るためには、時間をかけて付き合うことがもっとも早道であるのだから。親子通園は特に仕事を持つ母親の場合には困難であり、また母親にのみ過大な負担をかける部分があることは知りつつも、幼児期の一～二年というわずかな時間を、親子で療育に向かい合う経験は豊かな成果をもたらすことを強調したい。

先に最悪の対応は「放置」であると述べた。たとえ加配（定員外）の保育士が付いていたとしても、数人の障害児を一度に世話をする状況が一般的である。それに対して、親子通園であれば一対一というもっとも密度の濃い療育が可能である。

それでは園など通わないほうが良いのであろうか。発達の凹凸を抱えた子と、それに不安を持つ親が家庭という密室で向かい合っていたら、それこそ子ども虐待のリスクが高くなってしまう。やはり子どもとの付き合い方を親が学ぶことができなくてはならない。

そしてそのようにしてきちんと向かい合えば、愛着の形成だけではなく、互いをよく知ることにより、無理なことを要求しないという点でも意味がある。良い喩えではないが、結婚一年目よりも五年目のほうが、さらに一〇年目のほうが、互いへの幻想は持たないのではないだろうか。じっくりと付き合った経験のある親子は、小学校入学に際して何が何でも通常学級に入学させたいといった無理を言い出すことが少ない。十分に付き合うことによって、子どもの実力を知っているからである。また一般に、父親のほうが子どもに無理を強いるのは、子どもとの付き合いがただ単に不足しているからだ。

ここでできるだけ早く子ども集団に入れることが良いのかという問題について、触れておきたい。集団に入ることだけで、子どもたちに大きな成長が期待できるためには条件がある。その子どもが、周囲の子どもたちの行動を参考にして、自分の行動を修正しようという気持ちがあることが必要なのだ。特に広汎性発達障害のように周囲の子どもの行動を無視してわが道を行く場合や、周囲の子どもたちの真似もまだ不十分という重度の発達の遅れの状況で、ただ子ども集団に放り込んでも、形を変えた「放置」に過ぎない。子ども同士の相互作用はまだまだ困難で、大人との関わりこそが必要な子どもに対しては、当然ではあるが、大人がきちんと関わることこそが必要である。

規則正しい生活を

表7に、重症児、軽症児どちらにも適用できる、療育の基本的内容に関してまとめた。表に掲げた順序はそのまま優先順を表している。つまり健康な生活の確立は他の何よりも優先順位が高く、身辺の自立はコミュニケーションの確立よりも優先される。

表7　療育の基本的指導内容

1	健康な生活
2	養育者との信頼と愛着の形成
3	遊びを通しての自己表現活動
4	基本的な身辺自立
5	コミュニケーション能力の確立
6	集団行動における基本的なルール

まず健康な生活の基本は養生である。子どもの持つ活発な代償性や修正能力を高めるために、基本中の基本となる項目である。古来のどのような養生訓を見ても、その基本は変わらない。早寝早起きを基本としたきちんとした日内リズム、適度な栄養、適度な運動である。ADHDのI君のところで述べたように、この改善だけで著しく行動が落ち着く児童はまれではない。毎日の生活こそが療育の中心であるのなら、睡眠不足の不機嫌な状態で生活を送ることは、健やかな学びにもっとも反する状況であることは

了解できるであろう。

しかしながら、今日の子どもを取り巻く状況は、日内リズムといった基本的なことが、実はもっとも困難な課題となっているのである。近年、インターネットの普及により、多くの知識を蓄えた両親も少なくないが、「〇〇プログラム」とか言い出す親に限って、しばしば睡眠時間、起床時間を聞くと、子どもは深夜に寝て朝寝坊したりしている。

日内リズムの確立は、食事時間が一定していることと同じ課題である。特に朝食をとることが日内リズムの確立には重要であることが知られている。また間食は子どもにとっては重要な栄養源であるので、食事に準じる形で、時間を決め、着席をさせて、皿に取り分けて与えることも基本であろう。

日内リズムの確立に大きな妨げとなる問題は、父親が会社に長時間を取られていて、遅く帰宅する家庭が非常に多いことである。核家族においては、たとえ専業主婦の家庭であっても、父親の子育てへの参加が不可欠であり、毎日一〇時過ぎに帰宅する父親を持つ家庭では、このようなことが不可能になってしまう。幼児期の子どもを持つ父親が子育てに参加できる勤務にすることは、障害児療育を超えた社会的な課題ではないかと思われる。

偏食の克服、情報の制限

また、偏食の克服は年来の課題となることが多いが、これも最悪の対応は放置であり、偏食に対して、子どもの食べるものしか出さないという対応は、当然ではあるが、偏食の強化につながる。しかし少しずつ食事内容を広げる努力を続ければ、自閉症のような強いこだわりを持つ児童でも、小学校入学前に偏食の克服は可能であるものがほとんどである。これは少し説明が必要かもしれない。

偏食が極端になるのは、こだわりと結びつきやすい自閉症や広汎性発達障害であるが、さまざまな研究で示されたところによると、自閉症児の食べ物の好みの傾向は、実は健常児との間に大きな差はない。子どもの舌の好みという普遍的な傾向があり、自閉症グループの子どもの食事の好みも、それに一致しているのである。子どもは、華やかな色を好むのと同じで、幼児期には華やかな味が好きである。野菜が嫌いな子が多いのも、その淡泊な味が子どもの舌になじまないという理由による。しかしこれらは慣れによって克服が可能であり、事実幼児期から少しずつ食べ物のレパートリーを広げた子どもにおいては、知的障害を持つ自閉症といえども極端な偏食は見られなくなっている。

これは、成人したときに大きな意味を持つ。発達障害が重度であればあるほど、生きる楽しみの中に食事の楽しみが占める割合は無視できない。そのときに、さまざまな食事が楽しめるほうが、唐揚げとカレーしか食べられないよりも人生が豊かになるのではないだろうか。情緒的なこじれを作るほどの病理的な基盤があるのであれば対応はおのずから異なってくるが、筆者の経験では、地道な修正によってほぼすべての子どもにおいて無理なく、小学生までには偏食の克服が可能である。

運動については、両親と体を使った遊びを行うことに尽きる。休みの日には近くの公園で一緒に遊ぶことや、園で学んだリズム遊びを一緒に行うことが勧められる。

この基本的な健康な生活の中で、昔の養生にはなく、今日において必要な新たに持ち上がった問題がある。それは情報の制限という課題である。特に都会において、刺激のない静かな環境を得ることが著しく困難になった。夜になっても真っ暗になることはなく、町の騒音がたえず流れ込んでいる。オーディオやテレビなどの音や情報がたえず流れている。このような環境に著しく脆弱《ぜいじゃく》なのは、周囲の雑音の中から対人的な情報を絞り込むことが著しく不得手な自閉症グループの幼児である。親の出す情報が幼児にきちんと受け止められるためにも、ある程度の情報の制限は必要であろう。特にテレビがつけたままになっているような状態はできるだけ避けたい。まして一日中ゲームに明け暮れることが社会性を伸ばすかどうかお考えいただきたい。

安心して過ごせる家庭環境を

表7の2、養育者との信頼と愛着の形成についても少し補いを行っておきたい。幼児にとっていちばん必要なものは、障害の有無に関わりなく安心の提供である。子どもがもっとも安心して過ごせる家庭環境とは何だろう。これは逆の場合、つまり安心して過ごせない環境が何かを考えてみれば答えは容易に得られる。言うまでもなく虐待環境である。

これは直接的な虐待に限らない。夫婦の深刻な喧嘩が繰り返される状態は、安心できる環境の対極にあり、心理的虐待の一種である。実は親子関係の安定以前に、夫婦関係が安定していることがもっとも大きな要因となるのである。多人数のサンプルによる調査からは、親子関係よりも夫婦関係のほうが子どもの心の問題に大きな影響を与えることが示されている。また両親は完璧な親である必要はまったくない。小児科医であり高名な精神分析家でもあったウィニコットは、良い母親とはgood enough（ほどほどに良い）であることという有名な言葉を残している。子育てのような双方向の関わりの場合、完璧であることは、逆にしばしば重大な問題となることとすらあるということは、小児科医であれば誰でも周知のことではないだろうか。

愛着の形成のためには、先に述べたように、時間をかけて付き合うことが第一であるが、特に自閉症グループの児童のように過敏性を抱える場合には、強すぎる刺激、特にAV機器による情報はできるだけ避け、人の声と人の肌での育児が基本であると思う。

身辺の課題

表7の3から6の課題は、一般的な発達の過程を小さなステップにしてゆくだけである。遊びは子どもにとって生活の中心であり、また遊びを通してイメージを脳に作る力が発達し、対人関係が進んでゆく。このために、遊びこそ子どもにとっては優先順位のもっとも高い課題となるのである。

もっとも最初の段階は、自己刺激でしか遊べない状態であるが、そこから見立て遊びが可能となるまでの間に飛躍があり、その中間に、大人が遊び道具になってやれば遊べるという段階が存在する。逆に言えば、自己刺激で遊ぶ児童に、大人が体を使った遊びを繰り返し接してゆく中で、徐々に見立て遊びのための準備が可能となるのである。このあたりの発達の様子は、発達障害の幼児に多く接するうちに、子どもの目から世界がどのように見えているのかおぼろげながら分かるようになってくる。

身辺の課題は、トイレットトレーニングとスプーンの自立が最初の課題であり、それから服の着脱、清潔習慣に展開していく。これはだいたいは、繰り返し練習する中で身についていくものである。

コミュニケーションの課題としては、発語よりも、まずは言葉の理解が課題となる。その前提となるのは模倣の能力である。園での指遊びができる、あるいはリズム体操の模倣ができるなどといった能力は表象機能に直結している。特に後模倣と呼ばれる、その場で即時に模倣するのではなく時間がたってから思い出しながらの模倣が可能であれば、イメージを作る能力が備わった指標となる。さらに、たとえば園のスモックを見たら登園、買い物袋を見れば買い物の外出、タオルを見れば入浴と分かって次の行動ができるなど、状況判断ができることもまた、コミュニケーション能力の基盤となる。このように、遊びや身辺の課題はすべて、表象機能の前提となる課題であり、それであるからこそ、コミュニケーションの課題よりも優先順位としては上位に位置するのである。

一般的に話しはじめるためには、理解語彙は三〇語から五〇語は必要である。単語が出始めてしばらくすると、オウム返しが見られるようになる。発達障害の臨床においては、オウム返しが出現すれば、それからコミュニケーション可能な発語まではあと一歩であり、一安心ということになる。さらに発語語彙が一〇〇を超えたあたりで二語文が登場するようになり、言葉は急速な発達を見せるようになる。

この基本的な生活の課題は、実は発達障害の有無にかかわらず、子ども一般にとって幼児期の課題であることに注目してほしい。言い換えると、発達障害の診断がなくとも十分に取り組めるし、それによって発達には十分に良い影響があるのである。

指導の具体例

障害児の臨床では、幼児期の言葉の遅れなどで受診する例がもっとも多かった。今は学童が増えているが、どのような年齢の場合でも筆者は、診断をなるべく正直に、正確に告げ、その上で家族状況を考慮しながら、両親として日常生活の中で何をしなくてはならないのかという説明を行ってきた。これまでに述べてきたように、特殊な訓練を勧めるのではなく、毎日の生活の中での対応方法である。抽象的な言い方は避け、具体的に指導を行うようにしている。たとえば幼児の場合なら「愛情を持って接しましょう」ではなく、「身辺自立の練習を開始しましょう」さらに「トイレットトレーニングを行いましょう」「一時間おきにトイレに誘導をしてみましょう」とできるだけ具体的な提示を行う。

筆者は、幼児の初診者には接し方の原則であるスモールステップの説明を最初に行うようにしている。つまりできることの見定めをして、できるだけ小さな階段を昇らせるように目標を立て、本人に分かりやすい提示を行い、さらに初期抵抗が減るまでは粘る、といった大原則である。

初期抵抗とは、新しい課題に対して成果が上がらないだけでなく、たとえばスプーン練習をさせると食事そのものを拒否するといった、周りを巻き込んだ混乱が生じる現象のことである。経験的に、一四〜一五回の試行でこの抵抗が減ってくる。つまりできることの見極めは重要であるが、最低でも二週間程度は粘ってみないと成果は上がらないことになる。

具体的な目標を

ついで、現在の療育目標のガイドラインを示すようにしているが、先の表7に示した六つの領域で現在何が目標となるのかを考えると、具体的な目標が示しやすい。ただし一回に提示する課題は、三つぐらいが限度である。一例に、全体的な発達の遅れを伴う三歳の自閉症児の両親に提案した内容を示してみる。

遊び——療育通園を始めてやっと両親との身体遊びが楽しくなってきたのでこれを続けよう。双方向のやりとり遊びがまったくできなかったが、追いかけっこができるようになってきた。子どもの好きな車を用いてボールの投げ受けと同じようなやり取りをしてみたらどうか、しかし最初には、子どもの背後にもう一人ついて、遊びの形を子どもに教えなくては難しいだろう。

身辺自立——まず一日の生活をもう少し早寝早起きにして朝食をきちんと食べさせよう。間食は時間を決めて皿に分けて与えよう。その上でスプーン練習を継続して行おう。

トイレは失敗が減ってきたので時間を置き誘導を続けよう。

コミュニケーション——まだ自発語が出ていないが言葉の理解は良くなってきた。本人の注目を確認して言葉かけを続けよう。特に子どもから要求が出たときが、言葉かけの良いタイミングとなる。たとえばミルクの要求のときに、コップを持ってこさせるなど、同時に用事を足す課題をしてみよう。リズム体操の後模倣ができてきたところなので、通園の中でリズム体操や指遊びの真似に力を入れよう。

だいたいこれらの身辺の課題は、繰り返しをしていけば普通身に付いていくが、もし頑強な抵抗が生じたときには、特に自閉症グループの児童においては、知覚過敏性の問題が妨害をしているという可能性を考えてみる必要がある。幼児期から練習をした自閉症児は、ほぼ入学までに一通りの最低限の身辺自立は可能となっている。

幼児期から基本的な療育に乗って、日常生活訓練を積み上げてきた児童の場合には、小学校に入学する前後に至ると、療育を積み上げる機会に恵まれなかった児童に比べたとき、同じ診断かと思われるくらい大きな差となってくる。繰り返すが、自閉症のような、体験世界そのものが通常のわれわれとは異なっている障害児においても、幼児期はそのような障害独自の問題に関してそれほど神経質になる必要はなく、一般的な原則を守るだけで十分に成果があがる。しかし学童期になると、たとえば自閉症の場合には自閉症の、A

DHDであればADHDの独自の認知特性に沿った働きかけをしなくては、教育そのものが成り立たなくなってしまう。

さてここに述べたことで、本書の冒頭に掲げた疑問はほぼ答えが得られたと思う。念のために振り返っておきたい。

・発達障害は病気だから、医療機関に行かないと治療はできない

医療機関での診断がなされなくとも、良い生活を送ることこそ、健常児にとっても発達障害を抱える子どもにも必要なことであり、すぐに取りかかることができる。

・病院に行き、言語療法、作業療法などを受けることは発達を非常に促進する

繰り返すが、これらの医療モデルの治療は、稽古ごとと同じである。

・なるべく早く集団に入れて普通の子どもに接するほうがよく発達する

これは、他の子どもの良い行動を積極的に取り入れるようになったときにのみ有効である。しばしば起きるのは、真似てほしくない行動をすぐに取り入れ、真似てほしい行動は無視するという状況である。

・偏食で死ぬ人はいないから偏食は特に矯正をしなくて良い

これは比較的重度の発達の問題になる可能性がある場合には誤りである。また養生訓と

しても、適度な栄養を得るためには偏食の矯正は必要である。

・幼児期から子どもの自主性を重んじることが子どもの発達をより促進する最悪の対応は「放置」である。しばしば自主性の名の下に発達の凹凸を強烈に持つ子どもが放置されている状況を見ている。自由保育の大きな弊害である。放置されたツケは後に回ってくるのであるが、幼児教育に従事する者が、後年の子どもたちの様子を知る機会はきわめて乏しいことが大きな問題である。

第九章　どのクラスで学ぶか

——特別支援教育を考える

学校生活をどのように送るか

発達障害の治療とは治療教育である。医学的治療は大多数の場合において、治療的教育の側面援助を果たすに過ぎない。ＡＤＨＤにおける薬物療法のように、いくつかの発達障害においては医学治療が主体を担うことがあるが、そのＡＤＨＤにおいてすら、もっとも重要なのは二次的障害を残さないための治療教育の部分である。

さて最初に問題を提示したい。小学校低学年の児童であるが、ここに同じ自閉症という診断の男の子が三人いる。

一人は言葉は達者であるが、よく動き、教師の指示の通りは著しく不良で、自分勝手な行動を繰り返してしまう。好きな課題であれば聞いているが、嫌いとなると教科書も開かないで別のことをしている。興味のある課題であっても、自分の関心について一人で発言を繰り返し、結果的には授業妨害になっている。知的な能力はＩＱ80と判定され、つまり境界知能であった。

二番目はとてもおとなしい性格で、個別に声をかければ教師の指示には従うことができる。また他の子から声をかけられれば一緒に行動することができる。しかしこのような働きかけがないときには、ぼうっと座っていて次の行動に移れないことがある。言葉でのコミュニケーションは簡単なやりとりが可能な程度なので、座ってはいるが勉強には全く参加できていない。知能検査ではＩＱ60と判定された。

三番目は単語の発声が少しある程度の、ほとんど言葉のない子どもである。ものを目の前でひらひらと動かす自己刺激行動があって、また時々耳ふさぎをしたり甲高い声の子を避けたりと、知覚過敏性を持つ。指示の通りは不良で、人の中に入るのも、人と手をつなぐことも好きではない。知能検査ではかろうじてベースラインが出来るレベルでＩＱ30ぐらいと判定された。

ここで質問。この小学校低学年の三人はどのような教育を行うことが必要で、どのようなクラスで教育を行うことが望ましいのか。現実には、この三人のうち前の二人は通常クラス、最後の一人は通常学校の特別支援クラスにいるのであるが、この選択は正しいだろうか。

もちろんこれだけの限られた情報できちんとした判定を行うことは無理があり、また子どもの暮らす地域の事情で判断は大きく変わってくる。しかしながらこの三人の教育的ニーズについて、もしあなたが教師で、これだけの情報でも、ある程度子どもの姿を思い描くことが出来ないのであれば、子どもの教育を担当することや、学校の選択を判断するには大きな不備があると言わざるを得ない。

学校の選択に当たってもっとも大事な原則はほぼ一つと言って良い。それは授業に参加できるかどうかということである。学校という場を説明するとすれば、学校とは学級が単位で集団教育が実践される場である。学級のサイズとは無関係に、学校という集団教育の基本は学級という社会的な集団であり、親子や家族といった単位とはまったく異なる。次のように言えば分かりやすいかもしれない。学級とは先生という大人がリーダーとなって子ども集団をまとめているグループである、と。大人が子どもをリードしているので、非常に柔軟にさまざまなことが可能であるが、このような集団が成り立つためには、この学校という枠に参加者が従うことが必要不可欠であることは言うまでもない。

さて、先に少し述べたが、通常クラスとは四〇人の子どもに対して原則として教師が一人で、学習指導要領に沿ったカリキュラムをこなしていくという集団教育の場である。当然ながら、個々の子どもたちへの配慮というのは無理な部分が多い。多くの教師はクラスという単位で子どもたちを指導し、教え、ともに生活をする。クラスの個々の子どもたちの行動や特性は、クラス全体の運営の中に反映し、また指導や調整も全体の運営を通して行われる。つまり通常クラスで個別の対応がなっていないという文句にはそもそも無理がある。あまり良い喩えではないが、小児科を受診して眼科の治療がなっていないと文句を言うようなものだ。

特別支援学級はそれに対して少人数学級である。地域によって差はあるが、おおむね一クラスは八人以内と規定されており、今は自閉症クラスと知的障害クラスとに分けられることが多いため、もっと小さい人数のクラスであることが多い。

しかし案外知られていないのは、教師は通常の教員が中心であり、発達障害の専門性については高いとは言えないことである。一方特別支援学校は教師と生徒との比は先生一人に対して生徒四人となっている。一クラスの単位は小さく、普通、複数担任制を取っている。また特別支援教育教員免許状という特別支援教育の専門免許状を持つ教師が原則として配置されており、教育の中心を担っている。

授業に参加できるクラスを選ぶ

このようなわが国の学校の体制を考慮した上で、子どもが授業に参加できるかどうかという基準で考えていくことが必要なのだ。

まず着席して授業に参加することができない状況というのは、子どもは大事な学童期を無駄に過ごすことになってしまう。またおとなしく着席をしているものの、まったく参加できない状態でいるという場合も、本人の側から見たら時間の無駄遣いである。教室からの飛び出しといった形で本人が抗議を示すわけではないだけに、いっそう気の毒である。

「参加してもしなくても、何が何でも通常学級」と言われる保護者の方々は、自分がまったく参加できない会議、たとえば外国語のみによって話し合いが進行している会議に、四五分間じっと着席して、時に発言を求められて困惑するといった状況をご想像いただきたい。これが一日数時間、毎日続くのである。このような状況に晒された子どもたちは、着席していながら外からの刺激を遮断し、ファンタジーへの没頭によって、さらには解離によって、自由に意識を体外へ飛ばす技術を磨くだけであろう。

テストを受けてみて五〇点以下の成績をいつも取る場合。これはカリキュラムが不適切となっている可能性があり、要注意である。三〇点以下、さらには一桁の点数しか取れない場合、これは明らかに不適切なカリキュラムの中で過ごしているのであり、これも貴重な学童期の時間を無駄に過ごすことになってしまう。そこそこに学習への参加が可能な、別のカリキュラムが可能なクラスに移る必要がある。

参加ができるクラスを選ぶということは、学習の成果という問題にとどまらない。達成感がない状態で長い時間を過ごしていて、子どもが幸福を感じられるであろうか。さらに無力感と自己イメージの歪み、そして情緒的な問題に展開する。子ども自身が、自分はそこそこにやれているという自信を持てなくては、結局、情緒的なこじれに向かってしまうのである。

さてここで冒頭の問題の三人について振り返ってみよう。繰り返すが選択の基準は授業に参加できるかどうかである。

一番目の子は先に述べたタイプ分けでは積極奇異型の高機能児である。知的には高いが何せ多動で、通常クラスの枠に収まらないことが多い。まずは学校のルール（校則のことではない、念のため）を教えるという作業が必要になってくる。また多動のために愛着の形成が遅れており、トラブルが起き続けて叱責が繰り返され、余計に他の人との関係が遅れるのはなんとしても防がなくてはならない。そうなるとどうしてもスタートの時点では、特別支援クラスでの対応が必要となる。

二番目の子は、授業中に座ってはいるが、知的な能力から考えても個別の能力に合った授業を行うことが必要である。そうなると、どうしても特別支援クラスが必要とされる。先に触れたがこのグループは実は一番良い働き手になるのである。自立に必要な基礎学力の習得だけではなく、自分が参加するという体験こそ未来のために必要なのだ。

最後の子は、いわゆる孤立型の自閉症児で、知覚過敏性もあり、第四章で述べたさまざまな特別な配慮が有効に働く。つまり専門的な対応が必要であり、通常学校の特別支援クラスでは荷が重く、特別支援学校での教育が望ましいと考えられる。

筆者は「通常学級がダメだったら特殊学級へ」という指導にはこれまでも反対してき

た。なぜなら通常学級でダメで特殊学級に移行するという状況は、子どもにとって挫折体験となり、子どもの自尊感情をいたく傷付けるからである。人生の早期にあまり挫折体験などさせるものではない。強引に四〇人態勢でがんばるよりも、子どもが参加できる形態、そしてカリキュラムを探し、そのような個々の必要に応じた教育を先に行って、その上で大きな集団での授業参加が十分に可能になった段階で、通常クラスへと送り出せばそのほうがよほど問題が少ない。これまでこのような対応は学校教育のシステムの不備によって実現できなかった。しかし現在進行している特殊教育から特別支援教育への移行は、まさにこの個別の必要に応じた対応を可能にするものである。

ここでしばしば誤解されていると感じられる、冒頭に掲げた疑問の一つを取り上げておこう。

・通常学級の中で周りの子どもたちから助けられながら生活をすることは、本人にも良い影響がある

これは、良い影響があるのは、実は本人以外のクラスの同級生である。つまり人間にはさまざまな個性があるということを早くから知ることは、発達の凹凸に対して偏見を持たない大人に成長する上でも重要であり、お世話をする側の子には大きなプラスがある。しかし発達障害の子ども自身にとってなんらメリットはない。下手をすると、自尊感情の低

下や、周囲から助けられることを当然とする誤解をもたらすおそれすらある。大事なのは、発達障害児本人にとってのメリットであることは言うまでもないであろう。

一般に小児科医は通常学級が好きであるが、これは成人になるまで子どもたちをフォローアップしていないからであると思う。これまで述べてきたように、成人に達した状態から逆に、今、何が必要かを考えたとき、通常学級に固執することは意味をなさない。ただしこれまで、学校教育の側も特殊教育を軽視していたとしか思えないことも確かである。専門性に欠けた無気力な教師によって、特殊教育の中で、単に時間つぶしの遊びやお守《も》りがなされていただけで、教育の名に値するものは何も行われていなかったといった悲惨な事例は過去に多く存在したからである。

学校の選び方

筆者は幼児期から相談を受けてきた子どもの場合、幼稚園、保育園年長の夏から秋にかけて知能検査を行い、学校選択の材料とするようにしている。知的な能力はやはり重要である。無理をさせないという原則からすれば、どちらを選べば良いのか不安なときには両側に足をかけた対応を勧めるのが常である。

具体的に選別の基準となる事柄を挙げると、身辺自立に課題を残している状態や、机に座っての学習がまったくできない状況の場合には特別支援学校への進学が好ましい。特別支援学校と、通常学校の特別支援クラスとの違いは、一つは生徒対教師の人数の差であり、もう一つは、デスクワークができることが必要か否かという差でもある。

特別支援学校では、生活単元学習という形での遊び（小学部）、作業（中学部、高等部）による総合学習が以前から行われてきており、デスクワークに参加できない子どもへの教育が実践されてきた。その中で遊びを通して集団での行動や、自己表現、身辺の課題を学ぶのである。特別支援学校は専門性が高い教師の占める割合が高く、個別教育プログラムもきちんと作る能力のある教師が一般的である。つまり知的に比較的高い子どもでもきちんと対応をしてくれることが多い。筆者は、知的に高すぎるという理由で当時の特殊学級を断られた多動なアスペルガー症候群の子どもを、通常クラスから一挙に当時の養護学校に転校させてもらい、そこで初めてきちんと集団行動を学ぶことができて、さらに学力も一年間で三年分の遅れを取り戻すことができた例を知っている。

もっともこのようなことができる学校は、専門性が高い教師が揃っているところに限られる。残念ながら学校差がずいぶんあるのだ。身辺自立に関しては、先に述べたように一〇歳前までにある程度こなしておかないと、それから先に新たに学ぶことはけっこう大変なので、身辺の課題を残す状況で入学ということであれば、その後のことを考えると先生が個別に対応してくれる特別支援学校への入学が良いと思う。

従来、通常学校の特殊クラスが何でもありの状態で、言葉のまったくない身辺の自立も未達成の重度の知的障害を抱える子どもから、正常知能で言葉はむしろ達者な、集団行動が苦手な高機能広汎性発達障害の子どもまで抱えている状況であった。

特別支援クラスの担任は特別支援教育の専門でなくとも良いことになっており、専門性は一般的には高くない。これもものすごく差がある。今後、なんらかの個別対応のニーズのある子どもは増えることはあっても減ることはないであろう。そうすると、通常学校の中で、特別支援クラスが必要な子どもはますます増えることが予想される。またそのすべてが小学校を通してずっと特別支援クラスが必要なのではなく、多動を伴った児童の少なからずは小学校中学年以後に多動が治まってくれれば、通常クラスのみでも大丈夫なようになってくる。

このようなことを考えると、通常学校の特別支援クラスは、少なくとも座って授業を受けることができるレベルの子どもが対象であり、筆者としては、特別支援クラスとは、いわゆる軽度発達障害児の教育が中心であると思う。障害別に言えば、軽度（ＩＱ50～70）の知的障害、境界知能、高機能広汎性発達障害、そしてＡＤＨＤ、学習障害、子ども虐待である。もちろんすべての時間を特別支援クラスで過ごすのではなく、交流学習によって、通常クラスと特別支援クラスとを共に活用するというカリキュラムが理想であろう。知的障害のない発達障害で、通常クラスの設定で学習参加ができるのであれば、もちろん通常学級の適応となる。

迷った場合にはどうしたらよいだろうか。入学前であれば、大多数の学校で快く実施してくれるので、試し入学をさせてもらうと良い。たとえば通常クラスで授業参加が形なりとも可能かといったことの判定には、実際に試しをするのがなんと言っても最良の方法である。

日本の学校と教師

現在の日本の状況を見ると、特別支援学校の小学部が少人数で、中学部は一挙に増え、高等部は収まりきれないほど人数が増えるという状況が普遍的に見られる。これは本来は逆であろう。個別の必要に応じた対応をし社会的な行動が身につけば、より大きな集団へと移り変わってゆくことが可能になるからである。

日本のこの状況は、適正就学ができていない何よりもの証拠である。適正就学が不十分である理由は、残念ながら、これまでの学校教育における特別支援教育の軽視と専門性の不足にあるとしか思えない。目の前の子にどのような学校生活を送らせればそれが将来の幸福につながるのかということを想像できる専門性を備えた人によって就学の判断がなされていないところにこそ、大きな問題があるのだ。

学校から、今のクラスの体制では対応が困難と言われた場合に、その意見を無視することは、子どもの将来の幸福につながらないと思う。ここで学校側に非常に批判的な攻撃をしたり、教師の言葉を一つ一つ被害的に受け取る保護者もときどき見るが、そもそも学校という組織は子どもの幸福のために存在していることや、教師が一生懸命仕事をしていることまで、マスコミに乗って疑いをもつのはお勧めできない。日本の学校は、とてもよくやっている。むしろやり過ぎている。子育て支援という要素がますます重要になった今日、学校への根拠のないバッシングほど無責任なものはないと筆者は思う。

少し古い資料（一九九九年）であるが、スウェーデンのストックホルムの高校生において、一七パーセントが中途退学することをご存じだろうか。スウェーデンの小学校は一学級二二人でしかも複数担任である。学校心理士は言うまでもなく、日本のコーディネーターに相当する学校ソーシャルワーカーも配置されている。それでも一七パーセントが退学をする。一二パーセントは成績が不良なグループ、五パーセントはむしろ良いグループであり、標準偏差曲線の両側が落ちるのである。日本の高校生のドロップアウトが三パーセントということは、スウェーデンの学校がダメというよりも、日本の学校と日本の教師が四〇人学級にもかかわらずいかに頑張っているのかということを端的に示していると思う。

日本の生徒は高校の中途退学のみならず、不登校、非行、殺人どれをとっても欧米のいわゆる先進国の数分の一か十数分の一である。これも日本の学校と教師がそのシステムの問題にもかかわらず、子どもたちをきちんと守ってきたことの表れでもあろう。

特別支援教育の混乱

さて、持ち上げた後に、今度は批判を述べなくてはならない。

この原稿を書いている今年（二〇〇七年）は、特別支援教育の完全実施元年である。外来で継続的な相談を受けている方々や、一緒に二〇年以上続けている症例検討に集う親しい教師の友人連の話を総合すると、教育現場は混乱しまくっている様子である。地域による差のみならず、同じ地域でも学校によって差は激しく、非常識きわまりない発言を繰り返す管理職もおり、また特別支援教育の専門性どころではない発言をする教師もおり、保護者と学校との間での不要な軋轢《あつれき》を作っている。

通常クラスには参加できない高機能自閉症の児童の保護者が、ようやく特別支援クラスへの転級を納得したが、実際に行かせてみると個別の対応は何もなく、多動で言葉もない子どもに、体力のないお年寄りの担任が完全にかかりきりで、また挑発を繰り返す別の多動児が他児にいじめを繰り返すのを担任は止めることもできず、特別支援クラスが学級崩壊状態であったという例、アスペルガー症候群の児童が、通常クラスでの特別支援教育では不十分な状況となっており、しかし同じ学校の特別支援学級は一対一の対応が必要な重度の子どもがいるので、対応に問題がありそうと、その母親が学区を越えた特別支援クラスへの転校を打診したところ、その学校からは見学を断られ、さらに「障害児は学区を越えてくるな」と教頭が言ったという例、ほとんど言語表出がなく自己刺激を繰り返すがしかし内言語はけっこうある自閉症の児童が、筆者の勧めもあって通常学級の特別支援クラスから養護学校へ転校し、母親がペック（言語によるコミュニケーションが苦手な特に知的な障害のある自閉症児に、絵カードを言葉の代替コミュニケーションとして用いる方法）を用いて個別教育計画を作ってくれという希望を述べたところ、養護学校の担任教師は「ペックって何ですか」さらに「個別教育計画の作成は年度半ば過ぎないと無理」と言ったという例など、話を聞いているだけで驚きや怒りを超えてため息が出ることが少なくない。

ここに浮かび上がってくるのは、これまでの特殊教育軽視の深く重いツケである。もともと、通常学校の特殊教育担任も養護学校教員免許（障害児教育の専門免許）を持っていることが必要であると法律では定められていたが、そのような専門教育を受けた教師は少ないため、「当分の間」養護免許なしでも養護学校、通常学校の特殊クラスなど特殊教育の担任を務めることができると教育職員免許法に書かれ、そのまま放置されてきた。二〇〇六年度、学校教育法が一部改正され、知的障害、盲、聾、養護学校教員免許は特別支援学校免許と一本化されたが、通常学校の特別支援クラスや通級指導は通常の教員免許で担当ができると、現状が今度はそのままに規定されてしまった。

教員の専門性

専門免許といえば、特別支援教育への移行にともなって、養護学校における養護免許取得率の低さ、つまり専門性の高い学校なのに専門的な教育を受けた教師の少なさが文部科学省自身による調査によって公表された結果、教員採用に際して、養護免許の取得者が別枠、あるいは同一の枠でも有利に働くように全国レベルでいくらか改善されてきたのはごく最近である。文科省の公表したデータによれば、特別支援学校で専門免許を持つ者の割合は二〇〇二年五一パーセントであったのが、二〇〇六年には六一パーセントとなった。しかし特別支援クラスの担任はというと、二〇〇二年で二七・八パーセント、二〇〇六年で三〇・八パーセントと大きな変化はなかった。

実はこの数字にはさらに裏があるのだ。特別支援教員免許状認定講習（一般に認定講習と略称）という講習会が全国で開かれており、専門免許を持たない特別支援学校、特別支援学級の担任に集中講義を行うことによって、三年間で二種の免許状（二種とは四大卒業で可能な免許、一種は短大卒業で可能な免許）を与えるというある種の簡略コースが長年にわたって開かれているのである。これが夏の暑いさなかに、下手をするとクーラーもない大教室で実施されており、筆者は大学の障害児教育課程の教官であった時代に、これを「忍耐講習」と呼んでいたものであった。

この講習は受けないよりは受けたほうが良いに決まっているが、専門免許の取得率増加に、この促成栽培ともいうべき認定講習が果たしてきた役割は、困ったことにとても大きい。特別支援教育をゆだねられた教育サイドの、この専門性の欠如は特に自閉症グループの子どもの教育に対して大きな支障となる。なぜなら健常の子どもと接した経験があまり役に立たないからである。特に特別支援クラスの担任の専門性の低い状況はなんとかならないだろうか。医療で言えば「精神科」と看板がかけられているのに実は「内科（精神科も少しだけできます）」というのと同じではないか。わが国のこんな状況はいつまで続くのだろう。

特別支援教育は、個々のニーズがある児童に対して、個別の対応を行うことができるという点で、子どもとその家族の幸福には大きな進歩となりうる改革である。このことを教育サイドはあまり実感として分からないのではないかと折に触れて思う。特別支援教育にいっさい協力しないと決議を出した地域があるが、この変革の意味が理解できていない以外にどのような理由があるのだろう。このような落差が生じるのは、学校教育の現場にいる教師が、子どもたちのそだちに対し、成人まで責任を持つことが少ないからであると思う。筆者のように、幼児期から成人まで継続的な相談を続ける立場の人間にとっては、この改革によってどれだけ社会的な不適応が減る可能性があるか、逆に実感されるのである。それだけに、この現場の目を覆うばかりの混乱は、教育サイドの変革を必要とする実態を晒したものと重く受け止めざるを得ない。蓋《ふた》を覆うのではなく、一つ一つ公にして検証と改善を行うことが求められている。

特別支援教育の担当者の専門性を維持することは何よりも重要である。たとえ三〇年間の経験があっても、三〇年間誤った対応をしていたのでは子どもに迷惑なだけである。専門性の維持には、当然ながらそれなりの学習と実習が必要である。

これまでにすでに指摘したが、適正就学をもっときちんと推し進める必要がある。実はこのことは、専門性の欠如と表裏一体の関係にある。この章の冒頭のＩＱ80の多動な積極奇異型自閉症と、ＩＱ60の受動型自閉症と、ＩＱ30の孤立型自閉症とでは教育的なニーズは異なり、したがって教育的な対応はまったく異なってくる。このような違いが分かれば、ＩＱ30台の言語のない孤立型自閉症児に対して、親の希望があるからといって、通常学級への就学は言うまでもなく、通常学校の特別支援クラスへの入学を許可したりはしないはずである。子どものニーズが分からないから無責任な決定を肯定できるのだ。それどころではない。しばしば通常学級の担任が持たせられないという理由で、特殊教育の担当者が決められていたことすらあった。健常の子どもたちに十全に対応できなくて、なぜ特別なニーズのある子どもたちに対応ができるであろう！

きちんとサポートするシステムを

もう一つの根本的な問題は管理職の発達障害児に対する姿勢である。特に中学校で非行児童の生徒指導に辣腕《らつわん》をふるった実績によって管理職に昇る教師がおり、この教師たちはなぜか体育の教師が多く、アスペルガー症候群やＡＤＨＤに対しては「わがまま」という把握以外の理解が非常に困難である場合を散見する。筆者は体育の教師に偏見があるわけではなく、もちろん体育を専攻された先生方の中にも非常に細やかな方も多いのであるが。

学校の体制も別の視点から見直しが必要だと思う。学校は外からの批判にあまりにも率直に答えてきた。公立学校では現在、教師は夏休みも冬休みも出勤が義務づけられている。このような縛りが良い教育にはたして必要であろうか。特別支援教育コーディネーターも混乱している。筆者は特別支援教育の転換となった「特別支援教育の在り方に関する調査研究協力者会議」という二〇〇二～二〇〇三年度の文科省の委員会において、特別支援教育コーディネーターを専門職としてほしいということを訴えたが、この当時まったく考慮されなかった。コーディネーターこそ専門性を必要とする。ある程度、自治体の教育委員会の自由になる部分があるので、たとえば特別支援教育主事といった役職を創設し、個別教育計画の監督責任を持たせるなど、校務分掌の中である程度の権限を与えた専門職にしてゆくことが、もっとも円滑かつ有機的に機能する道ではないかと考えるのであるが。

ある先進的な実践を行ってきた校長は、「特別支援教育とは通常教育で行う特殊教育のことと考えるべきである」と喝破した。虐待など、特別支援教育の対象は今後も増えていくことは明らかである。今の混乱の中から、特別支援教育のみならず教育全体の見直しにつながる改革に向かってほしいと願う。

すべての子どもにとって、健康なそだちに普遍的に必要なものは何かということを考えてみると、愛着者から与えられる肯定感と、自己自身が育《はぐく》む自尊感情の二つではないかと思う。この自尊感情とは空想的な万能感の対極にあるものである。自分の万能感を乗り越え、しかしその上でなお、自分もそこそこにやれているという実感である。筆者はこの二つがすべての子どもたちに保障されることを願うものである。

歴史学者、市井三郎の次の言葉によって、この章を閉じたい。

「歴史の進歩とは、自らに責任のない問題で苦痛を受ける割合が減ることによって実現される」

発達障害とは、明らかに自らの責任で子どもたちが受けたものではない。それをきちんとサポートするシステムこそ、歴史の進歩である。

第十章　薬は必要か

薬物に対する態度

この章は付録的なものである。ここで解説を試みるのは薬物の用い方ではあるが、薬物療法に関する薬理学的な解説や発達障害児への使用に関するテキストとしての解説ではなく、どちらかというと非常に主観的な、いわゆる薬の使い方およびさじ加減とでも言うべき内容に関して、筆者の現在の考えを正直に伝えたい。発達障害の子どもたちをたくさん診察している医者の側が、薬物療法というものをどのように考えているのかという内容は、薬物療法を受ける側の方々にも知っておいていただくのが良いと思う。

薬の使用は、なしで済めばそれがもっとも自然である。しかし明らかに薬を用いたほうが楽だと思えるのに用いないのはやはりまずいと思う。もちろん、薬だけですべてが解決するわけではない。薬というものを非常に嫌う方が発達障害の子どもたちのご両親の中にも存在するが、その大半は薬物というものに対する一種の過大評価から来ているのではないか。薬があまりに劇的に効いた場合は、むしろプラセボー効果（偽薬効果）を考えるべきである。

児童精神科領域で用いられる薬はその大半が長期にわたって連続して用いられる薬である。たとえば統合失調症の治療薬として作られた抗精神病薬も、うつ病の治療薬である抗うつ薬も、てんかんの治療薬である抗てんかん薬も、長い期間続けて飲むことを前提としている。抗生剤や抗ガン剤のように、目的とする細菌や細胞を叩いて叩き終わったらおしまいという用い方をする薬ではない。長年にわたり服薬を続けるのが基本的な用い方である分、安全には作られていることをまず強調したい。

もちろん副作用のない薬はない。だが、薬を用いたくないという場合にしばしば聞くのは次のような例である。「学校（保育園）の先生が薬物は使わないほうが良いと言った」あるいは「父親が薬は使いたくないと反対している」。こういった理由が挙げられることは少なくないのだが、前者は子どもの養育に一時的な責任しか持たない人の発言であり、後者は長い時間子どもとは接していない側の発言である。医者により多少の傾向はあるが、無意味に薬物療法を勧めるわけではないので、このような意見に対して、信念や感情論での薬物拒否は好ましくないことをおおむね説明をする。

この折にしばしば感じるのは、このような発言をされる方が、保護者を含め、子どもの側の大変さというものを本当に理解した上で言っているのかどうかという疑問である。特に自閉症グループの子どもは、本書でいくらか触れたように、けっこう大変な体験世界に生きている。薬物療法を勧める際に、もっとも頻度が高い状況とは、本人の起こす問題行動と周囲の側の拒否反応による悪循環が起き始めている場合である。発達障害の子どもたちに接する者は必ず、彼らがどのような体験世界にいるのか、多少なりとも理解してほしいと思うのはこんなときである。同じことは学校の選択の際にも感じるのであるが、これについてはすでに述べた。

もう一つよくある誤解は、薬の依存性についてである。たしかに、多動に用いるメチルフェニデートと抗不安薬と呼ばれる不安や不眠に用いられる薬は、依存性が高い。しかしもっとも使用頻度が高い抗精神病薬と抗うつ薬は依存性に関してはまったくといってよいほどない薬である。またこの二つは飲み心地がけっして良い薬ではない。依存性が見られないのは、この飲み心地の悪さが大いに関係しているのではないかと思う。

脳の中の悪循環を抑える

薬物療法の効果はこれまでは熱が出たときに用いられる熱冷ましのような対症療法と考えられてきた。ところが最近の脳研究の中で、必ずしもそうとは言えず、場合によってはかなり根本的なところに作用しているのではないかという可能性が示されるようになった。

たとえば広汎性発達障害のタイムスリップに選択的セロトニン再取り込み阻害剤（つまりこれはセロトニン系の神経の賦活を行うという作用機序を持っている）という抗うつ薬の一種が用

いられ、興奮しやすい症状やパニックの頻発に抗精神病薬（この薬の主な働きはドーパミン系の神経系の抑制である）の少量が用いられてきたが、近年の脳科学の研究によって、広汎性発達障害におけるセロトニン系の神経の機能不全と、ドーパミン系の機能亢進が示された。そうなると、上記の二剤がしばしば有効というのは当然であり、対症療法とは言いがたい。多動へのメチルフェニデートの作用についてもすでに述べた。うつ病や強迫症状に対して用いられる抗うつ剤も、薬が効く部位が明らかになってきており、いずれもそれぞれの症状のメカニズムのほとんど根本の問題に働いているのである。考えてみればそれだからこそ有効なのであって、そうでなければ効くはずがないであろう。しかし問題は、個人差が非常に大きいことと、非常にゆっくりと効果が現れることとである。

一方で、薬物療法だけで治療が可能かというともちろん無理である。発達障害といえども、大半の問題の解決は本人の自己治癒力に委ねられており、基本的な健康な生活維持の努力なくして、何を行っても無意味である。いらいらと荒れている子に、一日四時間以上もテレビゲームをさせて止めない、不安定で不穏な子に週に四回塾に通わせ、そのために週に四日は睡眠時間が極端に少なくなる状態を変えない。このような環境調節を行うことなく、薬物療法や精神療法を行ったとしても完全な無駄であろう。すでに述べたが養生訓こそ最優先であることは、臨床の場に座っていると毎日実感されるところである。

薬物療法の効き方をみると、先に述べたように悪循環を抑えるというものが大半であるが、それも脳の中の悪循環を抑えるといった感じの働き方というのが筆者の実感に近い。クールダウンが難しい（特に広汎性発達障害の子どもの）脳に、薬によって脳内の環境調節を図っているわけである。したがってそのような対応を行っても、長時間のAV刺激および情緒的興奮という強烈な刺激によって極度に脳の興奮を持続させる状況を長時間続けるというのは、マッチポンプそのものである。もちろんすべて禁止する必要はない。筆者が主張しているのは極論ではなく、興奮が後を引かない程度にまでたとえばゲームの時間を制限することは、普通の子どもにも健康な生活のために必要であろうというレベルの常識論である。薬物療法という論点に戻れば、過小評価も過大評価も好ましくないという実に常識的な線に尽きる。

以上で前置きを終え、次いで個々の薬物について述べる。

抗精神病薬

これは統合失調症の陽性症状、幻覚や妄想を抑えるために開発された薬であり、共通することは賦活系の神経伝達物質であるドーパミンの活性を抑える作用である。最近になって、副作用が非常に少ない非定型抗精神病薬と呼ばれる薬剤が主流となった。リスペリドン（商品名リスパダール）、オランザピン（ジプレキサ）、クエチアピン（セロクエル）、アリピプラゾール（エビリファイ）などである。発達障害の臨床では、興奮しやすい症状やパニックの頻発に対して用いられることが多い。これらの薬は喩えて言えば、脳の空回りを止める薬である。そのために、正常な脳の回転も否応なしにいくらか抑えるところがある。したがって、入眠作用をも持っている。

発達障害の子どもに使われる際に注意が必要なのは、非常に少量で十分に有効なことが多いこと、個人差が非常に大きいこと、効果が出るのに少なくとも一週間程度必要なことである。眠気などの副作用はすぐに現れるが、興奮の抑制などの効果がきちんと発現するには少なくとも四日から一週間程度必要なことが多い。

筆者のような児童精神科医の多くは、〇・一ミリグラム単位の量を上げ下げして適量を決めるようにしている。ところが成人精神科を中心に臨床を行っているドクターは統合失調症に対して用いる用い方がクセになっているので、大量の処方をドンと行う傾向があり、副作用によるさまざまなトラブルを引き起こすこともある。

もう一つ注意を要するのは、院外処方のために起きる調剤ミスである。「こんな少ないはずがないだろう」と薬剤師が気を利かせたつもりで一〇倍量の処方を行い、子どもが副作用でふらふらになる、という経験を筆者は困ったことに何度かしている。そのために、最近は最初の処方のときに処方箋に赤字で「極少量処方注意」と書き入れるのを常にしているのであるが。

効果が認められればしばらく維持療法という形で、継続的な服薬をしてもらう。落ち着いた状態がしばらく続いたら、機会を見つけて離脱を計る。脳の薬が作用する部位は一般的に約二週間程度の休薬で元に戻るので、この期間を経ても大丈夫であれば、離脱成功である。

興奮のレベルが非常に高く、比較的大量の薬物を処方してもパニックの頻発が治まらないといった青年に、まれに接することがある。このような場合、一見薬物療法は無効に見えるのだが、薬を抜くと大荒れになるので、逆にそれなりに効果があったことが分かる。そもそもこのような場合には、たとえ重度の知的障害を持っている自閉症の青年への投薬でも、本人が自ら進んで薬を飲むことが多い。つまり本人にとっても苦痛でたまらないのである。

このようなとき、長い時間の経過の中でゆっくりと落ち着いてくるという経過をよく経験する。数カ月という単位で振り返ってみると、前よりもずいぶん穏やかになったということが確認できるといった効き方である。このような場合には、落ち着いてくると眠気が出てくる。本人の興奮が悪循環によって非常に高いときには、それに対応するために薬の量も増やさざるを得ないが、興奮のレベルが下がってくるとようやく副作用が現れるわけである。こうした現象も、薬物療法がそれなりに有効であることを物語っている。

一般的に不安定になりやすい時期があり、春先と夏休み明けが良くないことは発達障害の子どもに関わっているものであれば皆ご存じであろう。この時期にすべての精神科疾患は悪化するという季節精神医学的な問題に加えて、生活の変化の時期にちょうど重なるという環境的な問題との両方がかけ算になって生じることなのであろう。したがって減薬や離脱は、この時期を避けて行うことが常である。

睡眠リズムの乱れに特異的に用いられる、プロペリシアジン（ニューレプチル）という薬の少量を、副作用止めの薬とともに夕食後服用するという用い方をしばしば行う。これはごく少量であれば、幼児にも用いることができて有効性が高い。なぜこの薬物が特異的に睡眠導入に有効なのか筆者には薬理学的な説明ができない。実は臨床的にはこのような、いわゆるさじ加減に属するどちらかというと経験的な使用法がけっこうあるのだ。

抗うつ薬

発達障害に用いられる抗うつ薬は、セロトニン系の賦活薬であるクロミプラミン（アナフラニール）、フルボキサミン（デプロメール、ルボックス）の二つがもっとも使用頻度が高い薬である。抗うつ薬の使用は四つの場合がある。そのいずれも、抗精神病薬と同様、用いて効果が現れるのは二週間目という効き方をする。

一つは抑うつそのものに用いるもっとも一般的な方法である。先に述べたように、広汎性発達障害もＡＤＨＤも、うつ病はもっとも一般的な併発症である。特に青年期以後に多いが、これも成人のうつ病に比べると非常に少ない量で十分に有効であるという場合が多い。

二番目はフラッシュバック（タイムスリップ）の頻発に対して用いられる場合であり、フルボキサミンなどの選択的セロトニン再取り込み阻害剤（ＳＳＲＩ）が一般的に用いられる。

三番目は、特にいわゆる虐待系の興奮に対して、鎮静効果をねらって用いる場合である。以前からクロミプラミンなどの三環系と呼ばれる抗うつ薬が一部の多動児に有効であることは知られていた。過覚醒が背後にある多動に対して、抗うつ薬が有効性を示すのである。したがって、虐待ではなくても過覚醒による興奮や不眠に抗うつ薬を用いることはある。この治療効果は、おそらくフラッシュバックに対するセロトニン系の賦活剤の効果と同じものであろう。

四番目は、抗強迫薬として用いる場合である。これもクロミプラミン、あるいはフルボキサミンなどが用いられる。ただしこの効果は限定的であり、それのみで治療が完遂されるわけではない。

これらの抗うつ薬は特に小児に用いられる場合の少量ではほとんど副作用はないか、クロミプラミンの場合には便秘、フルボキサミンの場合には使用を始めて一週間程度に限定して気持ちが悪くなる（嘔気）という症状を散見する。これらは、それぞれに対症療法の薬物を重ねて処方をすれば防げる。筆者は発達障害に用いる場合には、これらの薬物の服用を一錠以下の極少量で始めることが多く、そのような場合にはほとんど問題にならない。

感情調整薬

気分の上がり下がりを抑える目的で使用する薬物で、炭酸リチウムが代表であったが、副作用が強くさらに有効な血中濃度の幅が非常に狭いことから、最近は使用頻度が非常に減った。それに変わって本来抗てんかん薬であるカルバマゼピン（テグレトール）とバルプロ酸（デパケン）がもっぱら用いられるようになった。

やはり自閉症グループの児童、青年において、若干の気分の上がり下がりが見られることはまれではない。先に述べた春先と秋先の時期に特に気分変動が見られることが多い。

また女性の場合には月経周期にあわせて気分変動が認められることもある。いずれにしても、まずは抗精神病薬の少量だけで様子を見て、それでもなお気分の上がり下がりが止まらないときに処方する方法が大半であると思う。

抗多動薬

この代表はこれまで何度も登場しているメチルフェニデートであるが、先にふれたようにわが国では抗多動薬として使用ができなくなった。

先に述べたように最近になって、新しい抗多動薬が登場した。一つはメチルフェニデートの徐放剤であるコンサータである。これは成分は同じであるが、カプセルの構造に工夫を加え、メチルフェニデートがゆっくりと体内に放出されるようにした薬である。このコンサータはリタリンとはまったく異なった薬である。つまり血中濃度が急に上がることがないので、ゆっくりと効き目が現れ、その分副作用は現れにくい。このような効き方の場合には、依存性は生じにくいと思う。もう一つは、ノルアドレナリン系の賦活薬であるアトモキセチンである。こちらはゆっくり効き目が現れる薬で、三週間以上かけてようやく効果が出てくる。しかし効き目が持続的で副作用が少ないことも大きなメリットである。どちらも一長一短あるが、これからきっと数多く用いられる薬になるに違いない。

付言すれば虐待系の多動には、覚醒系の薬は無効であることが多い。解離が背後にある過覚醒なのであるから考えてみれば当然である。興奮を抑えるためのリスペリドンとフラッシュバックを抑えるためのフルボキサミンの組み合わせがもっともよく用いられる。多動が著しい場合には、ノルアドレナリン系も賦活を行うSNRIと呼ばれる薬物であるミルナシプラン(トレドミン——これはアトモキセチンによく似た薬である)をSSRIに代えて用いることも行われている。それに加え強力な精神安定作用を持つレボメプロマジンさらには、プロプラノロールなどのβブロッカー、またクロニジンという強い抑制系の薬物を用いることもある。

薬の試しと調整

筆者は子どもに初めて用いる場合には、緊急性が高い場合を除いて、標的症状を定め、できるだけ効果判定を行ってから用いるようにしている。一般的なゆっくり効くタイプの薬では、効き目がしっかり現れるまでに一週間程度は必要である。また休薬して一週間目はまだ薬の効果がある程度残っているので、次のようなデザインとなる。三週間続けて用いてもらい、その後二週間の休薬をする。服薬してから二週間目あるいは三週目の状況と、薬を飲む前、および止めてから二週間後の状況とを比較してもらう。できるだけ、家族のみならず、保育園や学校の教師にも評価に参加してもらう。

しかし実はもっとも信用ができるのは用いた本人による判定である。これらの試用期間を設ければ、だいたいきちんとした効果判定が可能である。

先に述べたように、多くの場合、悪循環が生じているので、どうしても組み合わせとしては、ごく少量の非定型抗精神病薬と少量のセロトニン賦活系の抗うつ薬が大多数を占めることになる。これをまさに〇・一ミリグラム単位でできるだけ少量で上げ下げを行い量の決定をするのであるが、先に述べたように、効き始めるまでに一週間を要するので、効果判定にはどうしても少なくとも二週間が必要で、用いる量の決定は二〜三カ月を要する。できるだけ単剤で用いるほうが良いと教科書的には書かれているが、日本の精神科医には、少量の薬物を組み合わせて使う、いわゆるさじ加減を好む医師が多く、筆者もその一人である。とはいえ、五種類以上を用いる場合は例外中の例外である。中心となる薬は二〜三種類に限定される。

生物学的なハンディキャップは克服が可能である

おそらく、発達障害児への薬物療法は、発達障害の根本的な問題が解明されるにつれて、これからも盛んになっていくのではないかと思う。しかし薬物の助けなしで健康な生活が送れないのかと言えばそうではない。何よりの証拠がある。

筆者が辻井正次とともに、「アスペ・エルデの会」という軽度発達障害の会を立ち上げたことはすでに述べた。この会のメンバーで、ご家族とともに成長を見守っていた青年たちの多くは、成人して企業就労を果たした。第一章で紹介したB君や、少しだけ触れたC君などである。最近になって、浜松医科大学精神神経医学教室との共同で行われた脳の機能画像研究に、このメンバーが快く協力をしてくれた。生きたままの脳の活動を見ることができるポジトロン断層撮影（ＰＥＴ）装置という機械を用いて得られた所見は、先に触れたセロトニン系の機能低下、ドーパミン系の機能亢進であった。

脳画像研究に協力してもらった青年は、薬物療法を受けていない青年たちである。そしてB君のように仕事を持って、問題のない一社会人としての生活を送っている青年である。その彼らにしても、明らかな脳の機能の所見が認められたことに衝撃を受けたのであるが、よく考えてみるとこれは逆の証明なのだ。つまり、彼らがきちんとした生物学的な所見を持っていることは、幼児期からの治療的な教育の積み上げによって、このような生物学的なハンディキャップを克服できることが逆に証明されたのだ！

しかしながら彼らにしても、これまでの成長の過程ではしばしば薬の助けを借りた時期があった者もいる。さらに、今後の生活の中で薬物療法の助けが必要となる時期がないとは言えないであろう。薬物療法というものは、必要に応じて動員されればそれで良く、過小評価も過大評価も好ましくないということは、こんなことからも言えるのである。

それにしても、B君やC君こそ、治療的教育によって発達障害というものを治すことができるという何よりの証人である。発達障害に対する偏見や誤った知識を越えて、多くの子どもたちが、B君やC君のような立派な社会人として自立する道を歩んでいくことを信じる。

あとがき

講談社から発達障害に関する新書を書かないかと誘われたときには逡巡した。何年か前に、発達障害の臨床研究をまとめた本を出し（拙著『発達障害の豊かな世界』日本評論社、二〇〇〇年）、その中に私がこれまで手がけてきた発達障害を巡るテーマはほとんど盛り込んだという思いがあった。さらに内実をばらせば、もっと絞り込んだ別のテーマではあるが、他の出版社にモノグラフの執筆を約束して何年も待たせ続けていることもあった。そして何よりも現在の私の殺人的なスケジュール（論文を書くという仕事がなかなかはかどらない理由でもある）の中で、自分自身に納得ができる本を書く余裕をもてるかどうか確信がなかった。

返事をペンディングにしたまま臨床に追われる毎日を送るうち、他ならぬ発達障害外来の中で、あっと思うことが重なった。つまり、外来の臨床で障害児を持つご両親と話をしていて、本当に必要なことがきちんと伝わっていないのではないかと、著しくいらだちを覚える場面があったのだ。言い換えると、この情報化時代の中で、十分に行き渡っていないしかも障害児臨床において根本的に重要な問題が残されていることに私は気づいた。

この問題に焦点を当てて書こうと私は思い立った。このことが行き渡れば、発達障害の社会的な適応は著しく改善し、障害児とそのご両親はより幸福になり、さらに私たち児童精神科医を現在悩ませている発達障害患者新患の膨大な待機リストという問題も解決する(はずである)。

待機リストについては説明が必要であろう。今私が働いているあいち小児保健医療総合センター心療科の発達外来は困ったことに三年(!)の新患の受診待機者を抱えている。実は今日、積極的に発達障害の診察を行っている児童精神科の専門家はわれわれほどではないにしろ、似たりよったりの膨大な新患待機リストを抱えているのである。そして待機者の半分以上がすでに他の専門外来を受診していて継続的な相談を行っている、いわゆるセカンド・オピニオンの受診である。

根本的な問題とは、発達障害の治療に関する誤解と偏見である。

なお、おのおのの章で取り上げた事例は、いずれも公表に関してはご家族とご本人に許可を得ているが、匿名性を守るため、大幅な変更を加えていることを明記しておきたい。医師の守秘義務は当然のことであり、さらに個人情報保護法によって症例の記述は著しく困難になったが、議論が理論に流れないためにも、私としてはどうしても症例を通して考えるという基本的な姿勢をとりたいと思う。普遍的なことを明らかにするために、個別の症例を取り上げるということについて、ご理解をいただきたいと思う。

杉山登志郎

二〇〇七年一一月

参考文献一覧

一般向けの図書、文献

阿部和彦『子どもの心と問題行動』日本評論社、一九九七年
藤川洋子『「非行」は語る』新潮選書、二〇〇二年
グランディン（カニングハム久子訳）『自閉症の才能開発』学研、一九九七年
ハッペ（石坂好樹他訳）『自閉症の心の世界』星和書店、一九九七年
原仁、杉山登志郎『特別支援教育のための精神・神経医学』学研、二〇〇三年
JSPP編集委員会『学校における子どものメンタルヘルス対策マニュアル』ひとなる書房、二〇〇一年
Marcus, G. (2004) The birth of the mind. Basic Books, Cambridge.（大隅典子訳『心を生みだす遺伝子』岩波書店、二〇〇五年）
宮尾益知『発達障害をもっと知る本——「生きにくさ」から「その人らしさ」に』教育出版、二〇〇七年
ニキ・リンコ、藤家寛子『自閉っ子、こういう風にできてます！』花風社、二〇〇四年
ポルトマン（高木正孝訳）『人間はどこまで動物か』岩波新書、一九六一年
清水將之『災害の心理』創元社、二〇〇六年
杉山登志郎『発達障害の豊かな世界』日本評論社、二〇〇〇年
杉山登志郎『アスペルガー症候群と高機能自閉症の理解とサポート——よりよいソーシャルスキルを身につけるために』学研、二〇〇二年

杉山登志郎『アスペルガー症候群と高機能自閉症——青年期の社会性のために』学研、二〇〇五年
杉山登志郎『子ども虐待という第四の発達障害』学研、二〇〇七年
田中康雄『ADHDの明日に向かって』星和書店、二〇〇一年
辻井正次『広汎性発達障害の子どもたち』ブレーン出版、二〇〇四年
辻井正次『特別支援教育ではじまる楽しい学校生活の創り方——軽度発達障害の子どもたちのために』河出書房新社、二〇〇七年
ウィリアムズ（河野万里子訳）『自閉症だったわたしへ』新潮文庫、二〇〇〇年

少し専門家向けの図書、文献

ハーマン（中井久夫訳）『心的外傷と回復』みすず書房、一九九九年
大堀壽夫『認知言語学』東京大学出版会、二〇〇二年
パトナム（中井久夫訳）『解離——若年期における病理と治療』みすず書房、二〇〇一年
西澤哲『子どもの虐待』誠信書房、一九九四年
斎藤久子他『学習障害——発達的・精神医学的・教育的アプローチ』ブレーン出版、二〇〇〇年
こころの科学　136号「解離」日本評論社、二〇〇七年
そだちの科学　1号「自閉症とともに生きる」日本評論社、二〇〇三年
そだちの科学　2号「子ども虐待へのケアと支援」日本評論社、二〇〇四年
そだちの科学　3号「そだちの遅れにどう向き合うか」日本評論社、二〇〇四年
そだちの科学　4号「学童期のそだちをどう支えるか」日本評論社、二〇〇五年

そだちの科学　5号「アスペルガー症候群」日本評論社、二〇〇五年
そだちの科学　6号「ＡＤＨＤ」日本評論社、二〇〇六年
そだちの科学　8号「発達障害のいま」日本評論社、二〇〇七年

Caspi, A., McClay, J., Moffitt, T. E., Mill, J., Martin, J., Craig, I. W., et al. (2002) : Role of genotype in the cycle of violence in maltreated children. Science, 297 (5582), 851-854.
Cloninger, C.R., Sigvardsson, S., Bohman, M., et al. (1982) : Predisposition to petty criminality in swedish adpotees : II. cross-fostering analysis of gene-environment interaction. Archives of General Psychiatry, 39 (11), 1242-1247.
Grandin, T.「自閉症の体験世界」発達障害研究、21 (4)、279-283、二〇〇〇年
鴨下重彦「脳の構造と機能の発達」有馬正高、黒川徹編　発達障害医学の進歩　4、68-77、一九九二年
MacMillan, D.L., Gresham, F.M., Siperstein, G.N. (1993) : Conceptual and psychometric concerns about the 1992 AAMR definition of mental retardation. AJMR, 98 (3), 325-335.
Miller, J.N., Ozonoff, S. (1997) : Did Asperger's cases have Asperger disorder? A research note. J Child Psychol Psychiatry, 38 (2), 247-251.
Slutske, W.S., Heath, A.C., Dinwiddie, S.H., et al. (1997) : Modeling genetic and environmental influences in the etiology of conduct disorder : a study of 2,682 adult twin pairs. Journal of Abnormal Psychology, 106 (2), 266-279.
杉山登志郎「21世紀の特殊教育の課題：異文化としての自閉症との共生」自閉症スペクトラム研究1、1-9、二〇〇二年

杉山登志郎「自閉症に見られる特異な記憶想起現象：自閉症の time slip 現象」精神神経学雑誌、96（4）、281-297、一九九四年
杉山登志郎「自閉症の体験世界――高機能自閉症の臨床研究から」小児の精神と神経、40（2）、88-100、二〇〇〇年
杉山登志郎、海野千畝子、浅井朋子「高機能広汎性発達障害にみられる解離性障害の臨床的検討」小児の精神と神経、43（2）、113-120、二〇〇三年
鷲見聡、宮地泰士、谷合弘子他「名古屋市西部における広汎性発達障害の有病率」小児の精神と神経、46（1）、57-60、二〇〇六年
Williams, D. (1996) : Autism : an inside-out approach. Jessica Kingsley Publishers, London.
安永浩「知能の病理」井村恒郎他編：異常心理学講座9「精神病理学3」みすず書房、一九七三年

この本に取り上げた最新の研究は金沢大学二一世紀ＣＯＥプログラム「発達・学習・記憶と障害の革新的脳科学の創成」の一端として行われたものである。

N.D.C. 374 238p 18cm
ISBN978-4-06-280040-2

講談社現代新書 1922

発《はつ》達《たつ》障《しょう》害《がい》の子《こ》どもたち

二〇〇七年一二月二〇日第一刷発行　二〇二五年六月六日第四六刷発行

著者　杉《すぎ》山《やま》登《と》志《し》郎《ろう》

発行者　篠木和久

発行所　株式会社講談社
東京都文京区音羽二丁目一二—二一　郵便番号一一二—八〇〇一

電話　〇三—五三九五—三五二一　編集（現代新書）
〇三—五三九五—五八一七　販売
〇三—五三九五—三六一五　業務

装幀者　中島英樹

印刷所　TOPPANクロレ株式会社

製本所　株式会社国宝社

定価はカバーに表示してあります　Printed in Japan

「講談社現代新書」の刊行にあたって

教養は万人が身をもって養い創造すべきものであって、一部の専門家の占有物として、ただ一方的に人々の手もとに配布され伝達されうるものではありません。

しかし、不幸にしてわが国の現状では、教養の重要な養いとなるべき書物は、ほとんど講壇からの天下りや単なる解説に終始し、知識技術を真剣に希求する青少年・学生・一般民衆の根本的な疑問や興味は、けっして十分に答えられ、解きほぐされ、手引きされることがありません。万人の内奥から発した真正の教養への芽ばえが、こうして放置され、むなしく滅びさる運命にゆだねられているのです。

このことは、中・高校だけで教育をおわる人々の成長をはばんでいるだけでなく、大学に進んだり、インテリと目されたりする人々の精神力の健康さえもむしばみ、わが国の文化の実質をまことに脆弱なものにしています。単なる博識以上の根強い思索力・判断力、および確かな技術にささえられた教養を必要とする日本の将来にとって、これは真剣に憂慮されなければならない事態であるといわなければなりません。

わたしたちの「講談社現代新書」は、この事態の克服を意図して計画されたものです。これによってわたしたちは、講壇からの天下りでもなく、単なる解説書でもない、もっぱら万人の魂に生ずる初発的かつ根本的な問題をとらえ、掘り起こし、手引きし、しかも最新の知識への展望を万人に確立させる書物を、新しく世の中に送り出したいと念願しています。

わたしたちは、創業以来民衆を対象とする啓蒙の仕事に専心してきた講談社にとって、これこそもっともふさわしい課題であり、伝統ある出版社としての義務でもあると考えているのです。

一九六四年四月　野間省一